海外事業を加速する　中途採用の成功法則

グローバルビジネスを勝ち抜く人材のロジスティクス

株式会社ジェイ エイ シー リクルートメント
海外進出支援室 室長（チーフアナリスト）
佐原賢治

アメージング出版

はじめに

本書を手に取っていただいた読者の方は、少なからず人材採用に関心を持っておられる方であることは間違いないと思います（本書のタイトルが「採用」ですから当然のことですね）。

中でも多くの方は、今か将来の人材採用に関して何らかの課題感や不安を抱いておられるのではないでしょうか。

しかし、そもそも人材採用が何の問題もなくうまくいっている企業はそんなに多くないはずです。その証拠に、多くの経済レポートや個別企業のアナリシスにおいて、リスク要因には必ずと言っていいほど「人手不足」、「人材不足」といった枕詞がついています。

一般的に、「人手不足」は労働者の人数が足りていない状況を指し、建設現場や製造ライン、サービス業などで深刻です。一方の「人材不足」は、組織の中で必要なスキルや技術を持つ人が足りない状況を指し、近年では「デジタル人材」が将来10万人単位で不足するであろうことが、強い危機感を伴って報じられています。「デジタル人材」が必要となるのは、単に既存の職務やサービスをIT化するため（デジタライゼーション）というだけでなく、ますます進化するIT技術や、それが浸透した世界観を前提にビジネスモデル自体を再構築する、いわゆるDX（デジタルトランスフォーメーション）のためでもあります。

このDXを行なう人材は、先進的なIT技術やその活用方法に通じた上で、率先して事業を変革できるスキルをもつ人材で、昨今の労働市場において、金融、自動車、医薬品、サービスなど広範な分野で求められており、業種や国境を超えた獲得競争によって報酬も高騰しています。

さて、本書が取り扱う「グローバル人材」は、製造業の海外進出が活発化した1980年代からその不足がさかんに報じられてきました。いまや先述の「デジタル人材（の不足）」に押されてやや目立たなくなりましたが、その不足が解消されたわけでは決してありません。

本書は、国際的な人材紹介会社であるジェイ エイ シー リクルートメントのアナリストとして、私が10年以上にわたって行ってきた「日本企業の海外事業展開と人材戦略」をテーマとする各種調査の結果や、数多くの経営者、人事のプロ、海外駐在員の方々との対話をもとにした実務書です。

多くの企業が、「年内に採らなければいけないのに」、「本当は先月までに（採用内定者を）決めておきたかったのに」、というような切羽詰まった状況にあること、またそんな状態であるにもかかわらず、事業部門側では必要な人員確保が人事部任せになってしまっていること、その切羽詰まった状況が繰り返されているにもかかわらず明確な対策があまり講じられていない、というような問題を解決する一助としてほしいという思いを込めて書き上げました。

人的資本経営に対する関心の高まり

企業における人的資本の重要性に対する認識が世界中で高まっています。サステイナビリティに対する社会的な意識の高まり、技術の急速な進歩や市場の成熟に伴う消費の多様化などを背景に、株式市場においても企業価値を測る指標が工場や機械装置といった有形資産から、研究開発やアイディア、ブランド価値といった無形資産へとシフトしています。

欧米では、上場企業に対する人的資本を含む非財務情報の開示の義務化の流れが進んでおり、日本でも政府を中心に人的資本情報の開示について議論や検討が進められています。

そんな中、経済産業省が公表した『持続的な企業価値の向上と人的資本に関する研究会報告書（人材版伊藤レポート）』は、持続的な企業価値の向上に向けて、企業や経営者が行なうべきことについて具体的に提示しています。

そこでは、パーパスや、経営戦略における達成すべき目標を明確化するとともに、経営戦略と人材戦略を連動させることの重要性が強調されています。企業はそれぞれ目指すゴールに向けて必要な人材を具体的に定義した上で、現状とのギャップ（As is-To be ギャップ）を定量化し、時間軸を決めてそのギャップを埋めるためのアクション、すなわち外部市場からの獲得や教育、再配置などを行なうべきである、というのです。

レポートでは、実際に私も直接話を伺ったこともある企業の具体的な事例が示されています。いずれも日本を代表する大手上場企業の事例ではありますが、非上場企業や、比較的リソースやノウハウに乏しい中小企業においても、自社に必要な人材を計画的に確保していくことが持続的な成長にとって重要であることは変わりません。

しかし、私が多くの企業を回って感じることは、この「経営戦略と人材戦略の連動」が行なわれている企業は驚くほど少ないものです。

人事部に求められる役割の変化

企業において人事部は、実務的には採用、教育研修、人事制度の設計・運用、人員配置、労務管理などを行なう部署ですが、その機能については、ミシガン大学のデイビッド・ウルリッチ教授が著書『MBAの人材戦略』（2010年）の中で以下のように表現しています。

① **戦略パートナー**（Strategic Partner）
会社全体、事業全体を俯瞰し、経営者の視点から物事を考え、自社の発展や成長のために人事戦略を策定・実行する

② **管理のエキスパート**（Administrative Expert）
人材や組織に関する情報・制度を取りまとめ、業務の効率性を高めるとともに、法的リスクを回避する

③ **従業員のチャンピオン**（Employee Champion）
従業員の意見をよく聞き、従業員の意欲を高めるよう働きかける。また、会社と従業員の間に立ち、両者

がより良い関係を築き上げられるよう尽力する

④　変革のエージェント（Change Agent）
会社の成長のために、上層部と協力し、会社全体の改革、改善を主導していく

一方、人的資本経営を行なうことが持続的な企業価値の向上につながるという考え方から、近年では、経営戦略の実現に向けて人的マネジメントを行なう「戦略人事」の役割が重要となっていると言われています。「戦略人事」を成功させるためには、従来の業務の一つひとつを経営戦略と連動してタイムリーに行っていく必要があります。

戦略人事を行なう上での象徴的な存在は、「ＨＲＢＰ（ＨＲビジネスパートナー）」ではないでしょうか。欧米系のメガカンパニーでは、事業部ごとに必要な人材、スキルや、それに応じた研修プログラム、場合によっては報酬制度も異なることから、事業部ごとにＨＲＢＰを配置することは以前から行われてきましたが、最近では、私が訪問する日本企業においても、このＨＲＢＰを置く企業が増えてきました。

ＨＲＢＰは、従来の人事と比べてより事業部門と密接な距離感で活動しますが、現場から指示や要望を受けるだけでなく、事業戦略や現場で働く従業員の実態をよく知った上で、より良い施策を考え、果敢に提案していかねばなりません。そういう意味で、ＨＲＢＰの中には事業部門から異動してきた人も少なくありません。

このように、企業にとって人的資本の重要性が高まるということは、人事がより現場と密接になる、言い換

えれば、事業部門においてより有効に人事の諸施策を活用しなければならない時代になっているということではないでしょうか。

そして事業戦略と人材戦略を連動させていくためには、事業戦略を立案・遂行する事業部門も、今まで以上に人事のリテラシーを高める必要があります。

わが国の労働市場の変化　～大退職時代

もともと日本よりも労働市場の流動性が高いとされる欧米においても、コロナ禍によって人々の仕事観やワークスタイルが多様化したことで、離職率が記録的な水準へと高まっています（Great Resignation、大退職時代）。

今のところ日本では欧米ほど極端な求職者数の増加は見られませんが、多くの人が長期間のリモートワークを経験し、そのメリットを体感した結果、働く場所や働き方についての選択肢が増えたこと、そもそも働き方が大きく変わったことが自らのキャリアを見直すきっかけとなった人も多いこと、またＩＴ化やカーボンニュートラルといった世界の潮流によって産業構造が大きく変わりつつあることから、今後、今以上に退職（転職）を考える人が増えても不思議ではありません。

政府は、２０１６年に施行された改正職業能力開発促進法によって、労働者に自らのキャリア開発と能力開発への責任を持つよう促し、企業には従業員へのキャリアコンサルティングの機会確保と能力開発支援を求めました。また個々の企業においても、「ジョブ型雇用」の導入や、定年制や退職金制度の改定といった日本型雇用慣行の見直しが、大企業を中心に着々と進んでいます。

これまでは「従業員は辞めないもの」という前提でいた企業は、従業員を「辞める前提」で捉え直し、常に外部労働市場に目配りをして補充のための人員を遅れなく確保すると同時に、辞められては困る人材に対しては一層リテンション（繋ぎ止め）を強化しなければなりません。

一方で流動化に伴い外部労働市場では新たな人材を獲得するチャンスが大幅に拡大するため、経験者採用の巧拙によって企業の将来はこれまで以上に大きく左右されるようになります。

特に人材確保の遅れは、デジタルテクノロジーの進化やグローバル化によってビジネス環境の変化のスピードが一層増す中、これまで以上にビジネスの勝敗に強い影響を及ぼすようになっています。先述した「デジタル人材」はその典型例で、現時点でも限られた人材を採用する獲得競争は熾烈です。

2022年5月29日の日本経済新聞の記事によると、IT人材の求人倍率は10倍とも言われているそうですから、単純計算で10社に9社は難航を余儀なくされるということになります。

〔図表０－１〕　海外生産比率、海外売上比率の推移

※国際協力銀行「2022年度海外直接投資アンケート調査結果」より

それ以外でも、EVや先進医療、航空宇宙など先端分野への参入のための要員確保は、市場に経験者（即戦力性の高い人材）が少ない、という単純な理由から難航しがちです。そして、私の専門である「海外事業要員」も、需要と供給のバランスが常に逼迫しており、また特に中堅中小企業においては〝社長の一声〟やベテランの不意の退職によって突然その需要が生じることが多いという点において「間に合わない」ことが非常に多いのです。

本書の構成とコンセプト

本書は「なぜいつも採用は間に合わないのか」という大きな問いに対し、それをさらに「必要な人材をどのように予測するか」、「必要な人材とはどのような人材か」、「必要な人材をどのように確保するか」という問いに分解し、各章ごとに考察しています。

執筆にあたっては、実際に対話やインタビューの現場で聴いた〝生の声〟を重視するとともに、唯一絶対の正解

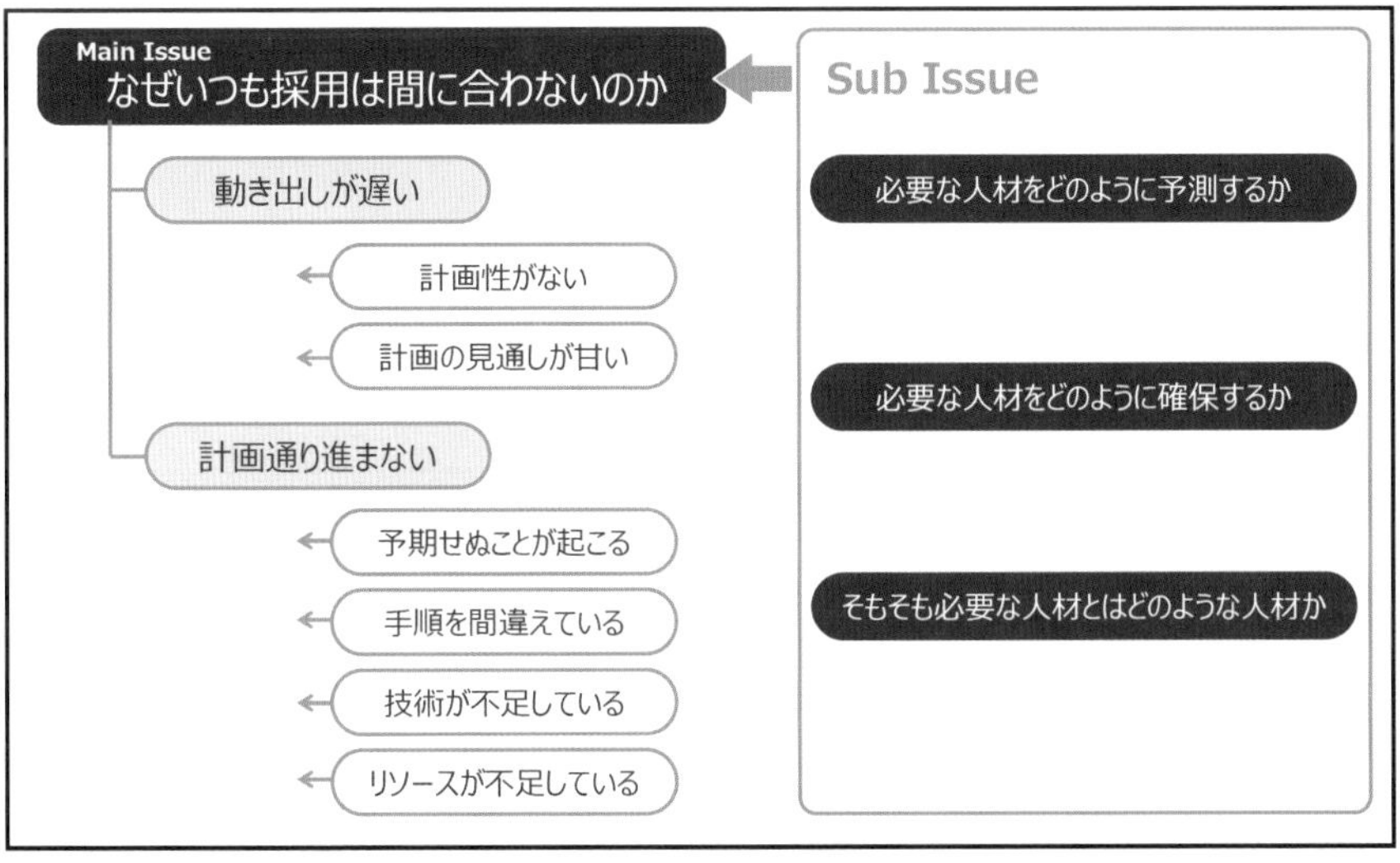

〔図表０－２〕本書の視角と論点

（解）ではなく、人材戦略に関する議論を先に進める上でのさらなる論点（問い）を抽出することを意識しました。

そもそも、人材確保に正解などありません。ある会社で効果を生んだ研修プログラムが他の会社では逆効果だったこと、ある会社にとっては無二の人材パイプラインとして機能している人材紹介会社が、別の会社では次々とミスマッチを起こすこと、また、面接では抜群の評価だった人物が入社してみると全く活躍しないことなど、「不確実性しかない」と言っても過言ではありません。

しかし、それでも企業が人材を必要としなくなることはありません。企業が存続する限り、人と組織の問題に関する議論は尽きないのです。その議論をより意義あるものとするために、本書にふんだんに盛り込んだ事例や、ところどころで読者の皆さんに投げかける〝問い〟をぜひ役立てていただきたいと思います。

もくじ／海外事業を加速する　中途採用の成功法則

はじめに　2

第1章　必要な人材をどのように予測するか・・・・・・・・15

第1節　日本企業の海外事業と課題　19
第2節　海外事業は進化する　～グローバルビジネス3・0　23
第3節　計画を立案する際の基本原則　38

第2章　必要な人材とはどのような人材か・・・・・・・・47

第1節　役割や要件を言語化する（人材確保の最重要課題）　51
第2節　求人票に反映する　61

第3節　面接をデザインする　73
第4節　海外駐在要員に求められる役割・資質の変化　81

第3章　必要な人材をどのように確保するか……89

第1節　人材確保はMake & Buy　91
第2節　各社が行なうMakeとBuy　100
第3節　採用活動を妨げるカベ　122

おわりに　138

巻末資料：各社のインタビュー記録……………………145

海外駐在員は経営幹部候補、貴重な経験を組織にフィードバック　146
海外駐在員の採用・定着に社長自らがハンズオン　152
外国人材がもたらす組織のグローバル化　158
海外駐在要員が潤沢でないからこそ、赴任辞令は1年半前に　162
技術提携先の海外企業はエンジニアの武者修行の場　166
最先端の技術・知見を求めて設けた欧州の開発拠点は人材獲得の基点にも　172
半年に一度の「人事委員会」で次期海外駐在員を選定、派遣ポストと候補者は常に可視化　175
技術担当者の異文化コミュニケーション能力向上が事業の利益率を高める　180
〝経営現地化・自立化〟は、海外事情を熟知した経験者が本社にいてこそ　184
海外事業要員は既存従業員とは〝別枠〟で　189

第1章　必要な人材をどのように予測するか

人材確保は兵站《へいたん》線である[1]

膨大な軍事物資の消耗を伴う近代戦において、戦闘に必要な物資を必要な時期に必要な場所へ必要な量を届けることができるかどうかは勝敗の岐路であり、故に必要物資の大量生産、大量輸送、人的資源の戦力化を効率的に行なうこと、即ち兵站(ロジスティクス)が軍の作戦遂行上極めて重要になります。

記録によると、日清戦争において兵站を軽視した日本軍は千人の戦死者の10倍を超える1万千人の病死者を出したとされており、さらに日本軍は太平洋戦争においてもその失敗を繰り返しています。

太平洋戦争における日本軍の対米戦略の前提はハワイ、グアム、アリューシャン列島を結ぶ海上の前線基地でした。それに対し、米国の反攻の基本戦略は海上ロジスティクス線の切断であり、その要衝として建設されたのが大西洋側から太平洋側へと速やかに艦隊を移動せしめるパナマ運河と、何よりも、大型の石油タンクやドックを備えたハワイ真珠湾基地だったのです。

真珠湾基地に対する日本軍の奇襲(真珠湾攻撃)は山本五十六海軍大将による乾坤一擲の策であり、綿密な計画のもと一級の戦力資源を投入、多くの艦船を破壊したにもかかわらずタンクやドックに対する攻撃が一切行なわれなかったことからも、日本軍が兵站を重要視していなかったことが窺えます。加えてソロモン、レイテなどの海戦においても敵輸送船団への攻撃を怠ったことは、海軍の任務を軍艦同士の戦闘という任務の一部としか考えていなかったことに因ります。

さて、ビジネスのグローバル化を急速に進める多くの企業において、人材不足が〝古くて新しい問題〟である

1　谷光太郎『ロジスティクスから見た失敗の本質～なぜ日本人は兵站が苦手なのか』、パンダ・パブリッシング、2016年3月

こともまた、兵站の軽視によるものではないかと私は考えます。現に、中長期の事業計画に照らして〝仕事も英語もできる人材〟、〝(豊富な海外経験をもとに)日本から海外拠点を管理・支援することができる人材〟などを計画的に創ろうとする企業は意外と少ないものです。仮に「英語なんてできなくても現地に行けば何とかなる」という発想で海外赴任者を選んでいるとしたら、「食糧や資材は現地で徴発」として無計画に戦線拡大を図った日本軍の失敗を繰り返すことにつながりかねません。

「海外事業要員確保は兵站(Logistics)である」

これは私が多くの関係者との対話の中で見つけたメタファーであり、本書では大手グローバル企業のみならず、前向きにLogisticsを進める中堅中小企業にも触れて、いかにそれを進めていくべきかを考えます。

＜第１章の論旨＞

- 日本企業の海外事業展開はコロナ禍を経てさらに進む。そしてその要員の慢性的不足が、日本企業が海外事業展開を行なう上での足かせになっている。さらにその傾向は中小企業に比べて経営資源が豊富であるはずの大企業においてより顕著である。
- その理由の一つは、海外事業が時に非連続に進化すること。その進化の過程では、次々と〝これまでは必要がなかった人材〟が必要になり、またこれまでは必要がなかった部署で高度な国際コミュニケーション能力が必要となる。
- タイムリーな人材確保のためには経験者採用が不可欠。〝35歳未満〟にこだわることは人材獲得の可能性を著しく制限することになる。また、即戦力性の高い経験者を採用するためにはより具体的で明確な要件定義を行なう必要がある。
- 〝採用が間に合わない〟からといって英語力を妥協してはならない。

第１節　日本企業の海外事業と課題

（１）日本企業の海外事業展開はコロナ禍を経てさらに進む

労働生産人口の減少が著しい日本では、内需縮小に加え、人件費や資材の高騰などの理由により、多くの企業が厳しい経営環境に直面しています。一方、経済成長が著しいアジアなど新興国市場の魅力は一層高まり、国内の主要取引先のグローバルビジネス拡大や、インバウンド旅行者の帰国後需要によって、高い技術力やサービス品質を持つ日本企業の海外進出のチャンスは拡がっています。

経済産業省の「海外事業活動基本調査」[2]によると、２００９年度末に1万7千658社であった日本企業の海外事業所数は、約10年後の２０１８年度末に2万6千233社まで約1・5倍に増加しています。また、製造業における海外生産比率は２００８年末の17％から25・1％まで8ポイント以上増加しています。

米中対立やコロナ禍、ロシアによるウクライナ侵攻などによってサプライチェーンが影響を受けたり海外渡航ができなくなったことで、「グローバル化の終焉（後退）」を唱える声も大きくなってきました。また現に長く続くゼロコロナ政策やそれに伴うロックダウンによって事業が立ち行かなくなり、中国の事業拠点を閉鎖する企業も増えています。さらに、急激な円安の影響もあり、生産を国内に移管する動きも目立っています。

2　経済産業省、２０２０年、「第49回　海外事業活動基本調査概要」、および２０１１年、「第39回　海外事業活動基本調査概要」

しかし、我が国の人口減少や高齢化に伴う市場の縮小はもはや「確定した未来」であり、一方でインドやＡＳＥＡＮ諸国における人口と所得の増加に伴う消費市場の拡大や、欧州に代表されるカーボンニュートラル関連の新たな市場の形成など、企業にとっての持続的成長のチャンスはむしろ海外にあることから、今後も日本企業の海外事業展開は続いていくでしょう。現に、先に述べた海外生産比率は、コロナ禍に見舞われた２０１９年度以降低下しましたが、２０２２年度の見通しでは再び上昇に転じています。

（２）海外事業展開を行なうための要員は慢性的に不足

一方で、日本企業が海外事業展開を行なう上では常に大きな課題に見舞われてきました。それは「人材確保」です。

２０１９年９月に帝国データバンクが行なった調査[3]によると、「海外進出を検討または進める場合、どのようなことが障害や課題となるか」との問いに対し、「社内人材（邦人）の確保」が45・2％で最も高い結果となっています（複数回答、以下同様）。それ以下の回答も、「言語の違い」（37・9％）や「文化・商習慣の違い」（37・3％）、「海外進出に向けた社内体制の整備」（36・6％）、「進出先の経済情勢に関する情報収集」（33・9％）といった「ヒト」に紐付く事柄が上位を占めています。

企業規模別の結果を見ても、大企業、中小企業ともに社内人材（邦人）の確保が最大の課題であるだけでなく、中小企業に比べて経営資源が豊富であると考えられる大企業の方が「社内人材（邦人）の確保」を課題とする企

３　（株）帝国データバンク、２０１９年10月、「海外進出に関する企業の意識調査（２０１９年）」

業が多いことは興味深いことです。

海外事業を取り巻く「ヒトと組織の課題」は、現地での中核人材確保や人件費の高騰など、とかく現地の問題が注視されがちですが、経団連の調査によると、「本社でのグローバル人材育成が海外事業展開のスピードに追いついていない」、「経営幹部層におけるグローバルに活躍できる人材不足」というような課題が上位1、2番目を占めるなど、日本本社における海外事業要員確保を課題とする企業もまた多いことが判っています。

現に、グローバルビジネスの即戦力となる人材の紹介を行なっている当社（ジェイ　エイ　シー　リクルートメント）に寄せられる海外事業要員募集の求人申込は、2014～19年までの5年間で約1・6倍に増加しました。その数はコロナ禍によって一旦減少したものの、2022年はコロナ前の2019年を10％以上も上回りました。

	全体		
		大企業	中小企業
1 社内人材（邦人）の確保	45.2	50.3	44.0
2 言語の違い	37.9	36.0	38.4
3 文化・商習慣の違い	37.3	39.4	36.8
4 海外進出に向けた社内体制の整備	36.6	43.8	34.8
5 進出先の経済情勢に関する情報収集	33.9	38.3	32.8
6 進出先の政治情勢に関する情報収集	33.7	36.5	33.0
7 現地人材の確保・育成	33.5	39.1	32.2
8 法規制・制度の把握	33.1	39.0	31.6
9 外国為替レートの変動	29.9	30.5	29.7
10 提携先・パートナーの発掘	29.1	28.9	29.2
11 代金・投資回収	24.9	21.5	25.8
12 販路の確保や開拓	23.7	22.7	23.9
13 海外進出の戦略立案	22.2	26.9	21.0
14 事業資金の調達	20.3	13.4	22.0
15 赴任者らの安全確保	19.3	22.3	18.6
16 現地での生産・品質管理	17.3	18.9	16.9
17 技術や知的財産流出	15.2	14.6	15.3
18 現地での資源・材料の確保	15.1	15.4	15.0
19 進出先の自然災害に関する情報収集	14.7	16.2	14.4
20 インフラの未整備	11.0	11.9	10.8
その他	8.5	7.3	8.7

注1：網掛けは、他の企業規模より5ポイント以上高いことを示す

注2：母数は有効回答企業9,901社

〔図表１－１〕海外進出への障害や課題

（帝国データバンク調べ）

第２節　海外事業は進化する　～グローバルビジネス３・０

当社に寄せられる海外事業要員募集の求人はコロナ禍を経て再び増加を続けており、２０２３年１-３月の新規求人申込数は、ピーク時（２０１８年４-６月）を僅かながら上回りました。

国際協力銀行の調べ[4]によると、コロナ禍によって低下していた我が国製造業による海外生産比率も２０２１年度に底打ちし、再び上昇に転じると見込まれていることなどから、海外事業要員募集は今後もより活発化することが予想されます。（P８・図表０-１参照）

ここで注目すべきは、求人の職種の内訳に変化が見られることです。求人の総数はほぼ同数（１０２％）であるのに対し、次の二つの職種については顕著に増加しているのです。

一つは研究開発（R&D）職の募集で、これは２０２３年１-３月の新規求人数が２０１８年４-６月期比１５１％と増えています。もう一つはＩＲ（投資家向け広報）で、件数としては前者ほど多くないものの同１６５％と大幅に増加しています。これには、ビジネス環境の変化に加えて、日本企業による「グローバルビジネスの進化」が関係しています。

本稿では、日本企業のグローバルビジネスの進化とは具体的にどういうことか、またその進化が各社の人材需要にどのように影響するかを解説します。

４　国際協力銀行、２０２１年12月、『わが国製造業企業の海外事業展開に関する調査報告―２０２１年度海外直接投資アンケート調査結果（第33回）』

〈グローバルビジネス　１・０〉

　まず国内のみで事業を行なっていた企業が海外事業をスタートする段階から話を始めます。海外に事業拠点を置かず貿易によって海外市場にアクセスする段階です。

　国内で開発・生産した製品を欧米先進国に輸出して外貨を獲得するモデルで、これは戦後～１９６０年代の我が国の高度経済成長に大きく寄与しました。品質が高く、価格競争力がある日本の繊維製品や家電、自動車は急速な勢いで欧米の市場シェアを獲得し、その後の貿易摩擦の原因にもなりました。

　最近では、日本酒や地域の特産品など、ジャパンクオリティでオンリーワンの製品を作る中小企業が、金融機関やＪＥＴＲＯ（日本貿易振興機構）の支援を受けて海外に販路を拡げているほか、部品や素材などのモノ作り企業が、海外進出の試金石として、マーケティングリサーチの一環で輸出販売を行なうケースもあります。またアニメやゲームコンテンツなど工業製品以外の「ソフト」も輸出されています。

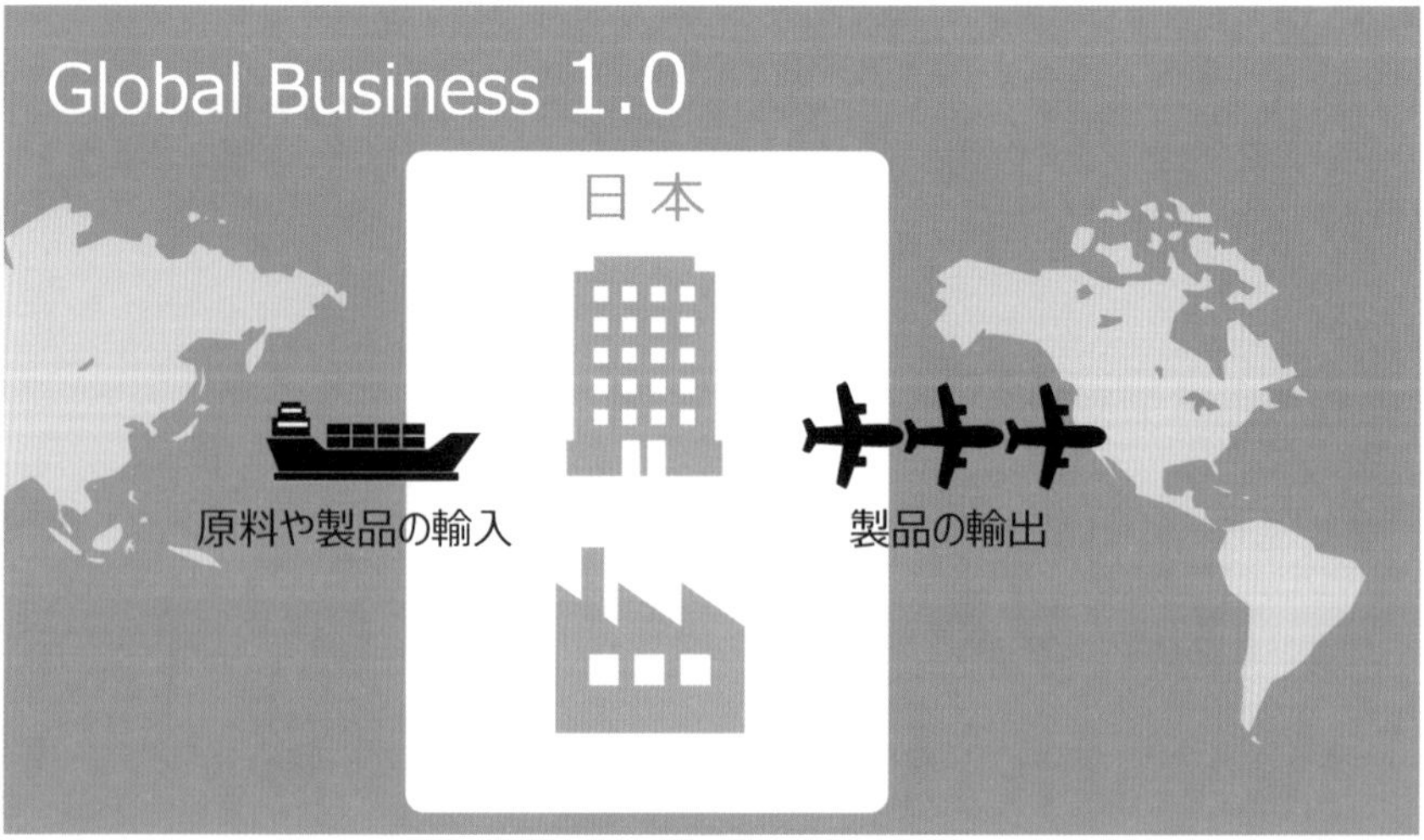

当初は貿易商社を介して行なうことが多く、この段階では外国語力や貿易知識などについて、特に必要性が感じられない場合もあります。

＜グローバルビジネス１・３＞

貿易商社を介した輸出入は、商社に支払うマージンの分だけ利幅が圧縮されるため、輸出入が常態化するとやがて、自前でそれを行なおうという欲求が芽生えます。それに伴い社内には、海外の売り主や買い主、それを仲介する商社や代理店との交渉、手続といった新たな業務が生じます。この時点では社内に、英語が得意な人材や貿易実務に詳しい人材が必要となります。海外の取引先や代理店との窓口を務める要員として、留学生など外国人材の採用を始める企業も珍しくありません。

＜グローバルビジネス２・０＞

次はいよいよ海外に生産、販売などを担う子会社を設置する段階です。

高度経済成長が一段落した１９６０年代後半以降、大手製造業を中心に生産拠点を海外に移す動きが活発化しました。

当初の主な進出先は北米やヨーロッパであり、成熟した先進国市場に輸出販売拠点を設けて参入した日本企業（製品）は着実にシェアを伸ばします。またその後は、日本の輸出拡大への対抗策として行なわれた高関税や円高誘導に伴い海外に生産拠点を設ける動きが増加します。

製造業を中心とする海外進出は、バブル崩壊後の1990〜2000年代に安い生産コストを志向して新興国へと一層拡がり、特に1990年代中盤と2000年代中盤の2回の「中国進出ブーム」では、多くの日本企業が中国に生産拠点を設けました。（P27・図表1-2　参照）

その後、中国都市部における人件費上昇や日中間の政治摩擦などの理由によって、日本企業の進出先はタイを中心とする東南アジアにシフト、さらに2010年代中盤には米国向け自動車部品の生産基地としてメキシコ進出が相次ぎます。トランプ政策やコロナ禍によって一時は減少しましたが、足元では、2022年8月16日にアメリカで成立した「インフレ抑制法※通称IRA（Inflation Reduction Act）」や、中でもそこに盛り込まれたメイドインアメリカ条項の影響もあり、再び増加しています。

話をもとに戻しますと、この「グローバルビジネス2・0」の段階へと移ると、現地駐在や長期出張などによって物理的に海外にその身を置いて働くことができる人材が必要となります。

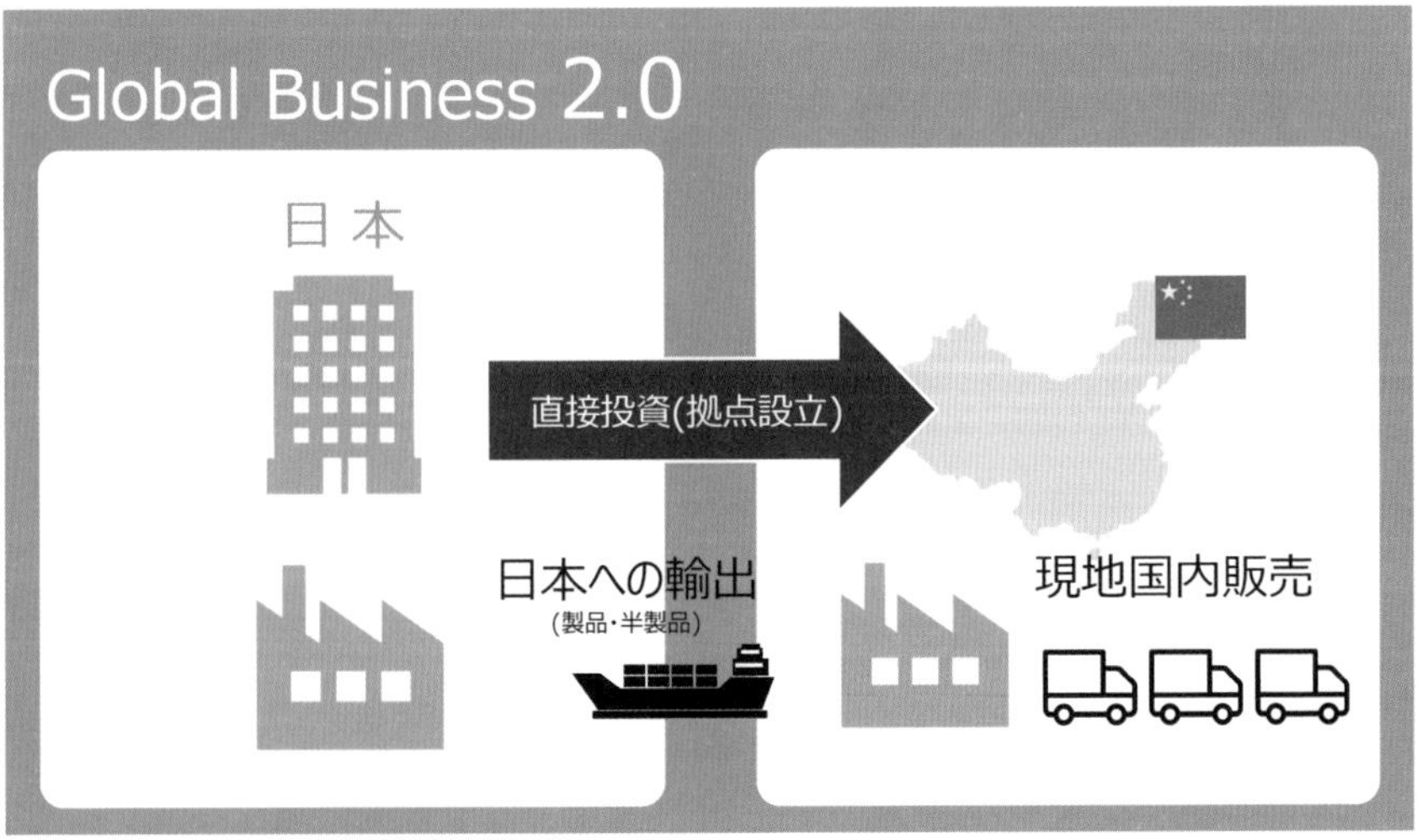

駐在員として海外に派遣される人材は、現地で組織や事業の「マネジメント」を担うことから、多くの場合、管理職層から選任されることになります。しかし、特に大手に比べて人的資源に乏しい中堅中小企業では、高いマネジメント能力を持つ管理職の数が充分でないことも多く、その配属をめぐって国内部門と海外部門の折り合いがつかないことや、そのうえ英語力や海外適性をも併せ持つ人材は一層少ないため、多くの企業が海外駐在員の人選に頭を痛めています。

多くの企業で、「任せたい人（仕事ができる人）は英語や海外が苦手であるのに対し、英語が堪能な若手社員は、その仕事を任せるにはまだ早い」といったジレンマ（仕事力と英語力のトレードオフ）が生じます。

（単位：100万ドル）

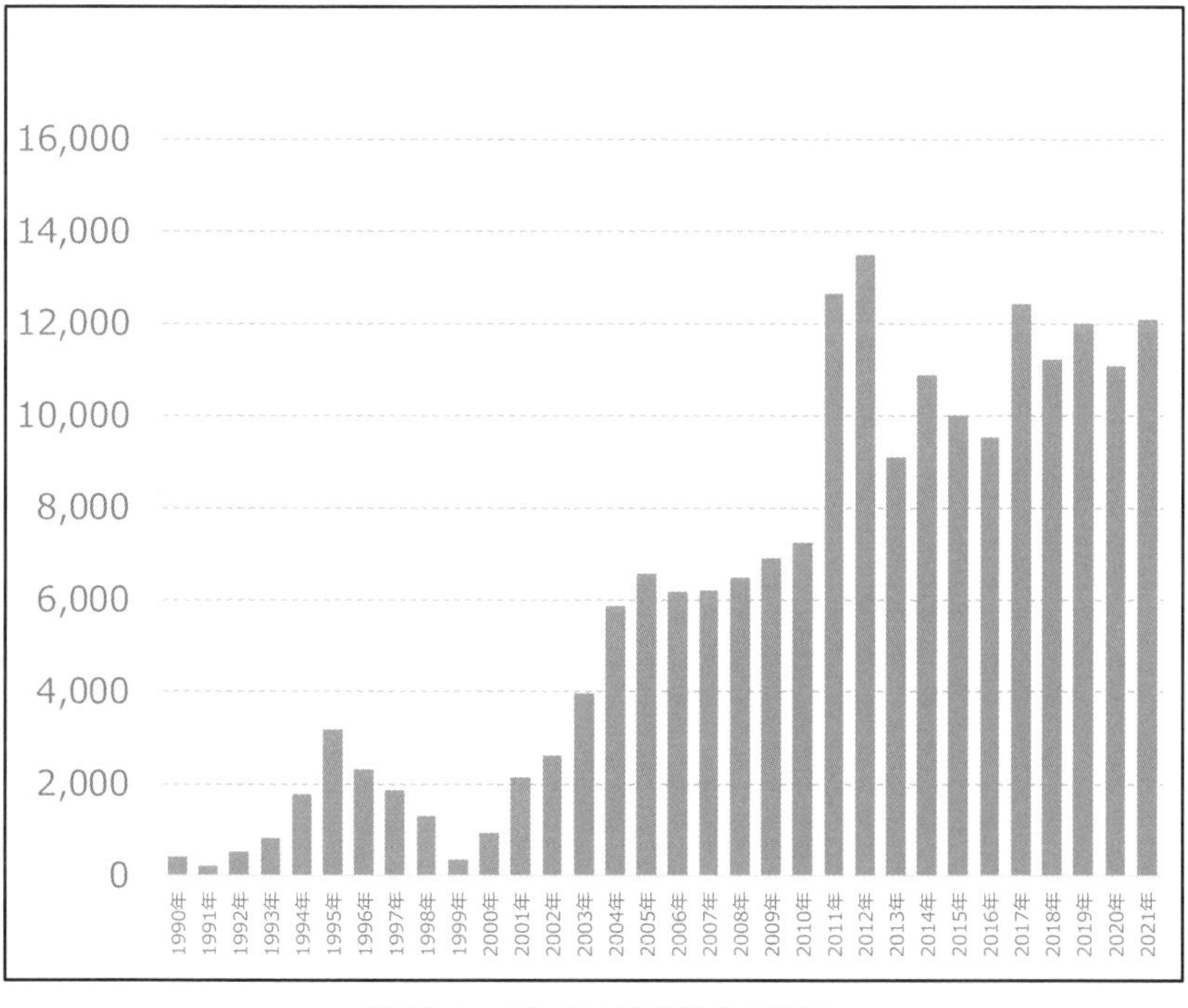

〔図表１－２〕対中直接投資の推移

※JETRO ホームページ、「直接投資統計」をもとに筆者作図

〈グローバルビジネス2・3〉

この段階は、現地の経営資源やサプライチェーンを活用してより深く現地市場に侵入する段階です。また海外現地法人には、子会社とはいえ一つの独立した法人としての収益性や成長性が求められることもあり、ビジネスは現地で更に進化を続けます。

進化の一例は当該国で生産した製品の第3国への輸出です。当該国では生産量を増やすため、場合によってはラインの増設や第2、第3工場が新設されます。

〈グローバルビジネス2・7〉

更には、より現地で求められる製品やサービスを現地で創るため、開発拠点を設ける動きもあります。それらに伴ってマネジメントの範囲は拡がり、派遣する駐在員の数を増やす必要性が生じます。

また品質管理や生産技術など様々な分野で本社が関与（指導・支援・管理）すべき機会も増えますので、本社サイドにも日常的に海外拠点と関わる仕事をする人や、折に触れて海外に出張する社員が増えていきます。

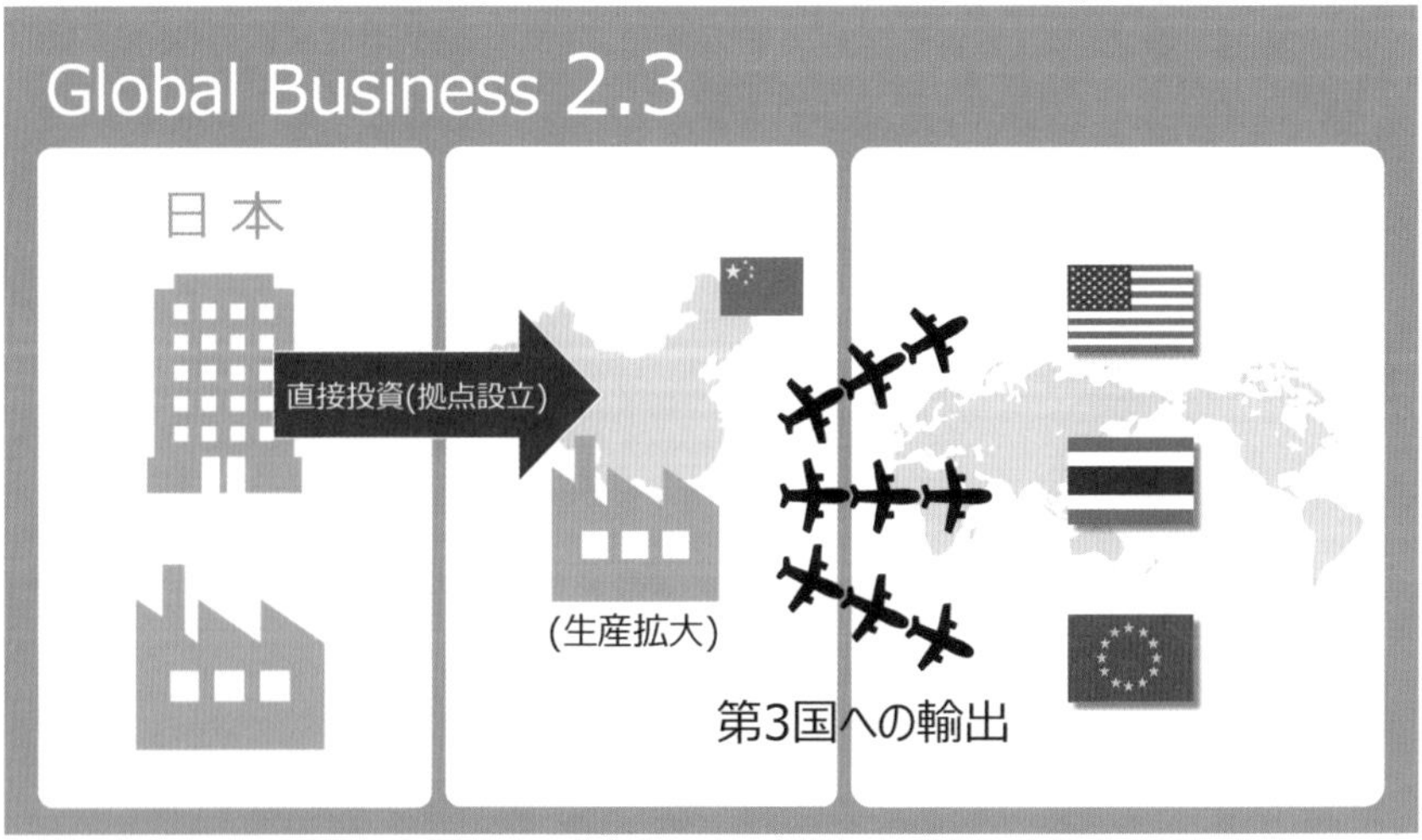

経営管理部門で、「それまでは必要がなかった人材」の需要が顕在化するのもこの段階です。

人事部門では、増加した海外駐在員の管理や評価・処遇を決めるための人事制度や規程が必要になる一方、各国子会社の従業員数が増えることに伴い、日本とは異質な労務問題に対応する機能（専門家）も備えなければなりません。

また海外連結会計や国際税務などに対応する経理部門や、海外の法律に精通し、各国現地の弁護士との折衝が可能な国際法務機能の充実も、現実的な課題となってきます。これら本社管理部門の国際化対応は、海外事業の拡大を図る企業にとっては避けて通れない道であると言えます。

それと同時に、増え続ける海外駐在員の人件費が国内外で負担になってくることからも、「経営現地化」の必要性も身近な課題として語られるようになります。

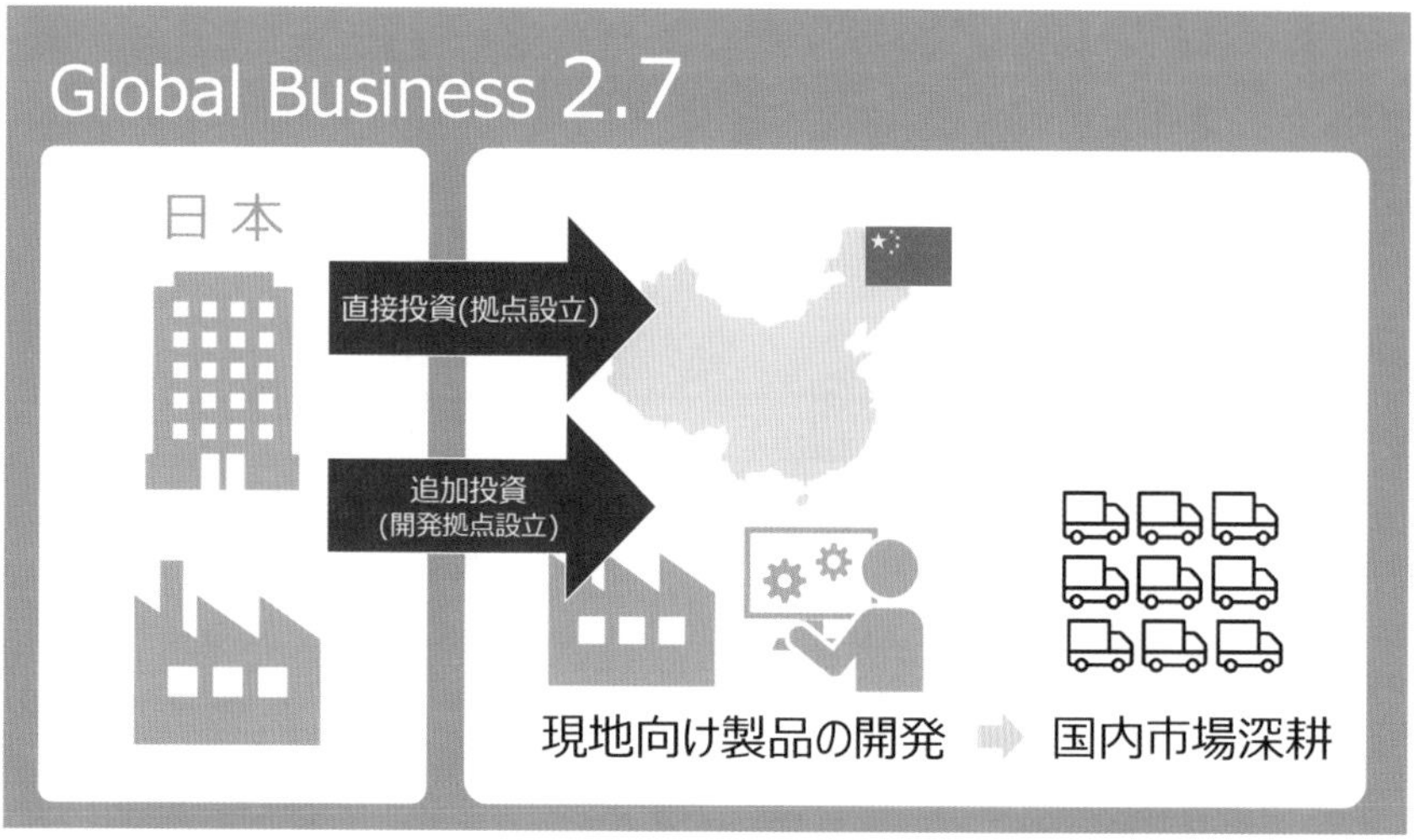

〈グローバルビジネス３・０〉

そして近年、特に先端分野のビジネスで目立つようになってきたのは、企業が国境を越えて最適な経営資源（ヒト・モノ・カネ・情報）やビジネスパートナーを求める動きです。グローバル化が進んだ昨今、ビジネス競争の勝敗は、この国境を越えたリソース獲得競争によって決まるといっても過言ではありません。

かつて、技術力で絶対的な優位性を誇った我が国の製造業においても、電気自動車（ＥＶ）関連の技術や、エネルギー、化学などの分野を中心に、大手企業が次々と海外企業との連携を進めています。

そしてこの「グローバルビジネス３・０」への進化が着々と進んでいることが、本節の冒頭で述べた海外事業要員募集における職種の変化にも表れているのです。

Ｒ＆Ｄ部門では、専門分野の知見と、海外の研究者やパートナーとの共同研究や議論を行なうために必要な英語力の両方が求められます。一方的に指示、命令をするだけでなく、時に、まだこの世に存在しないモノを創るプロセスでビジョンや理想

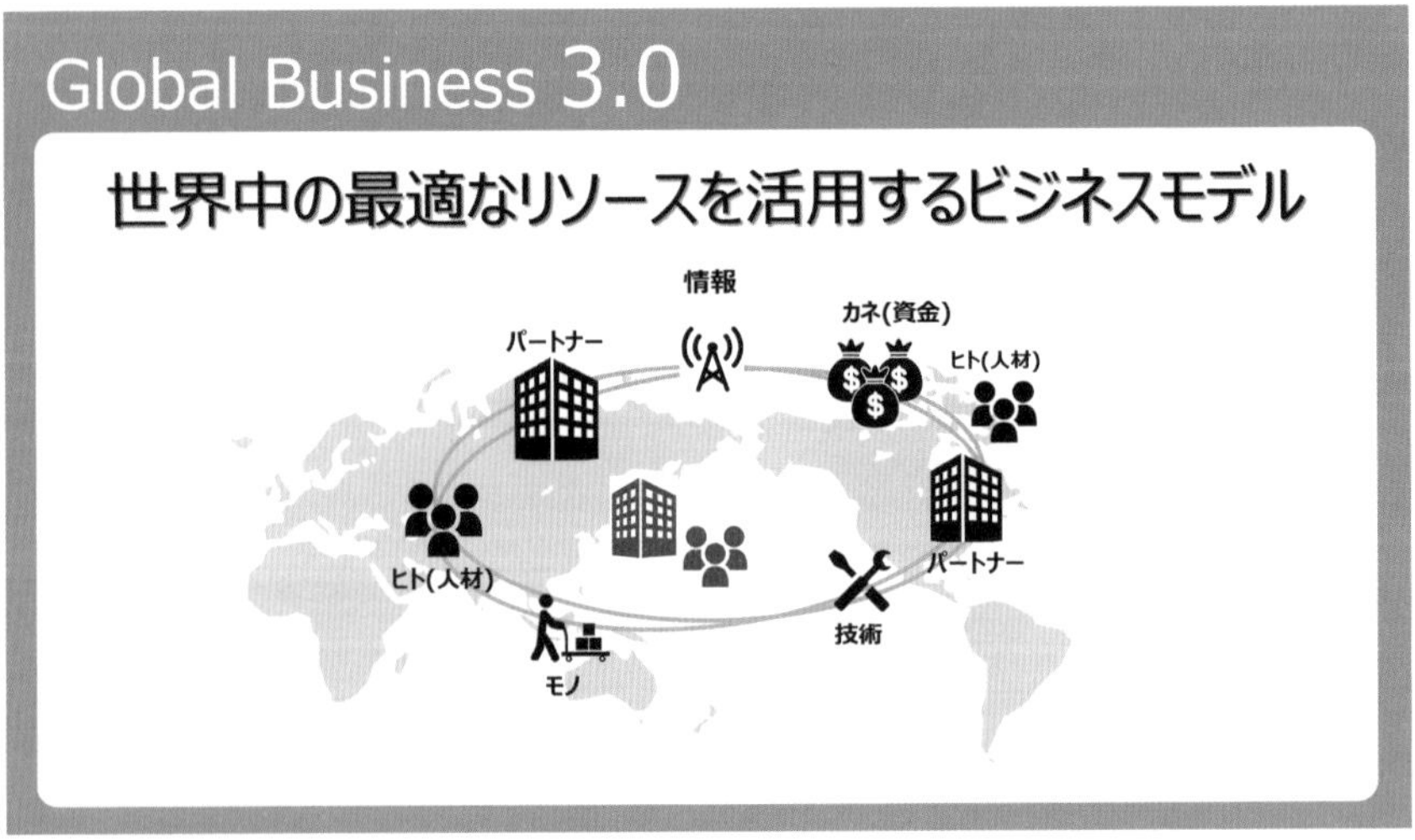

を語ったり、共感・共鳴を促すような高度な異文化コミュニケーション能力を発揮することが期待されるのです。

またＩＲに求められるのは、各国の開示基準や世界の投資家が真に求める情報について熟知した上で、自社の財務状況や事業展望、ＳＤＧsへの貢献などを世界に向けて発信する能力です。広く世界の動向や投資家情報にアンテナを張り、自社の情報を適時かつ適切に文書や口頭で魅力的に表現、発信するためには、読む・聴く・書く・話すといった四技能全般にわたる高度な英語力が必要となるのです。

問　貴社の海外事業で次に予測される非連続な変化とは具体的にどのような変化でしょうか。

問　そこで新たに必要となるのはどのような人材でしょうか。

本節で述べた「グローバルビジネス１・０～３・０」は、次に必要となるであろう人材を予測することの重要性をお伝えし、またそれを予測する上での考え方をお示しするために私が作ったモデルです。

一方、日本企業の海外進出について体系的に把握しようとした時、①海外進出の歴史と、②海外現地法人の発展段階、の二方向からそれを行なうことが可能です。それぞれ、多くの研究者の方々が読み応えのある論文やエッセイを発表しています。

それらは、本書のテーマである「人材採用」と関連付けて読んでみても大いに有益です。外部労働市場に存在する「経験者」が各年齢層に均等に存在しないという事実を知ることや、求める人材のマネジメント経験(型)について適切に評価するための基礎知識を得ることができるのです。

例えば、近年多くの企業がグリーンフィールド投資によって進出し、多くの駐在員を派遣したアジア地域の駐在経験者は、現状の労働市場に比較的潤沢に存在します。逆に近年は新規進出数が少なく、既存の拠点においても他地域に比べて経営現地化が進んだ欧州地域に駐在した経験がある人材は、今や数も少なく高齢化しています。これをよく理解せずに「30代の欧州駐在経験者」を望んだとしても、中国や東南アジア諸国の駐在経験者に比べて、集まる候補者の数は限られるでしょう。

また、各社の人材需要は事業活動のトレンドに紐付くものであることが多いため、多くの企業から同時期に同じような求人募集が出されることが少なくありません。図表1-3は、直近の20年で多くのお客様からどのような求人が寄せられたかを整理したものです。長く人事や海外事業に携わっておられる方は、それぞれの時代を思い出しながらご覧ください。

〔図表１－３〕近年における日本企業の海外事業要員採用のトレンド

時期	企業の動き	日本国内における求人の傾向（海外事業関連）
2004～2007	多くの製造業が中国に生産拠点を新設	中国工場立上げ要員の採用(工場管理職、生産技術職など)
2005～2008	IT企業が中国ほか新興国にオフショア開発拠点を設置	海外オフショア拠点とのブリッジを務めるIT系外国人材の採用
2009～2010	リーマンショックによる求人市場の冷え込み	
2010～2011	国内経済の縮小と空前の円高で企業の海外進出意欲が高まる。（多くの中堅中小企業がASEAN進出）	タイ、インドネシアなどASEANビジネス経験者の採用(立上げおよび駐在要員、販路開拓要員)
2011～2014	中国の人件費上昇に伴い「チャイナ・プラスワン」の機運が高まる。タイ、インドネシアへの進出ラッシュ。	主に大手・準大手企業で海外子会社の内部管理体制強化の要員採用(国際会計、海外子会社監査、国際法務など)
2015～2016	完成車メーカーの北中米ビジネス拡大に伴い部品メーカーのメキシコ進出が急増。	メキシコ工場立上げ要員の採用(工場管理職、生産技術職など、スペイン語要) グローバルITシステム導入に伴う社内のIT要員採用
2017～2019	米トランプ政策による生産の国内回帰で既存北米拠点の増産進む。 BREXITに伴う欧州ビジネスの変化。 ASEANの成長鈍化に伴う利益体制の強化。 国内の好景気に伴うIT投資の増加。	中国拠点駐在員の後任採用 欧州企業向け販路開拓要員(ドイツ語要) 北米拠点の支援要員(生産技術、品質、サービス)
2020～2021	新型コロナウイルス感染拡大による求人市場の冷え込み	
2022～	コロナ禍で露呈したリスクへの対策が進む。(分散調達、地産地消、脱日系取引先依存) 大企業を中心に現地法人のマネジメント体制の見直しを検討する動き。(現地採用邦人の活用) SDGs対応に課題解決を進める動きが本格化。 国際間企業連携の活発化。 リモートコミュニケーションの普及が新たな英語力ニーズを産む。	グローバル調達、SCMスペシャリストの採用 人権デューデリジェンスの経験者採用 研究開発・財務・IR等の職種で英語力を有する人材 現地法人のマネジメント要員としての在外邦人採用

また、次章でデータを用いて詳しく述べますが、海外現地法人でのマネジメント経験は、法人の発展段階によってその経験内容が異なります。自らが最前線に立って密林を切り拓くように事業や組織を立ち上げた人もいれば、権限移譲を進めるために指導し、任せ、見守ることでナショナルスタッフや組織の自立化に貢献した人もいます。いま必要な人は何ができる人か、を明確にすることなく「駐在経験あり」という表面的な情報でマッチングをすると期待した成果を得られない可能性があります。

そして、海外駐在員だけではなく、海外現地法人の組織デザインを、経営の発展段階に応じて適切に行なう必要があります。「組織は戦略に従う」と言われるように、事業戦略やそれに対する本社の関わり方によって、目指す現地組織の形は異なります。

現地適合（企業が海外市場において製品やサービスをどの程度現地化するか）とグローバル標準化（グローバルで組織プロセスをどの程度標準化するか）の2次元（4象限）で分類した「バートレット（C.Bartlett）とゴシャール（S.Ghoshal）の4類型」は、そのことをイメージするのに最適なフレームワークです。国際経営を学んだ方なら一度は目にしたことがあるであろう有名なフレームワークです。多くの研究者によって和訳、解釈がなされていますが、ここでは経済産業省のホームページ[5]に記された解説を引用します。

■参考：グローバル化の形によって必要な人材は全く異なる

バートレットとゴシャールの4類型のそれぞれの型によって必要な人材が異なるということを理解する上で、私が最も理解を進めることができたのは早稲田大学大学院の教授で経営コンサルタントでもある大滝令嗣氏が

5　経済産業省ホームページ、『国際化指標２０１０のモデル』

２０１６年3月にHarvard Business Reviewに寄稿したエッセイ『グローバル・ビジネスリーダーの育成と活用（第４回）／グローバル化の形によって必要な人材は全く異なる』[6]です。

大滝氏は、各類型ごとに必要となるリーダーの役割や素養、その確保やマネジメントの仕方について解り易く解説しています。詳しくは原典を読んでいただくとして、ここでは私なりに抜き出した要点のみを引用してご紹介します。

（１）インターナショナル企業（輸出型企業）

ここで必要となる人材は、現地に赴いて現地のパートナー企業を開拓し、交渉し、契約し、パートナーシップを築くという〝グローバルビジネスディベロッパー型〟リーダー。このタイプの人材を確保するために一番手っ取り早いのは、商社や投資銀行出身者を採用し、「助っ人」として活用すること。こ

6　大滝令嗣、２０１６年３月、『Harvard Business Review／グローバル・ビジネスリーダーの育成と活用(第４回)／グローバル化の形によって必要な人材は全く異なる』

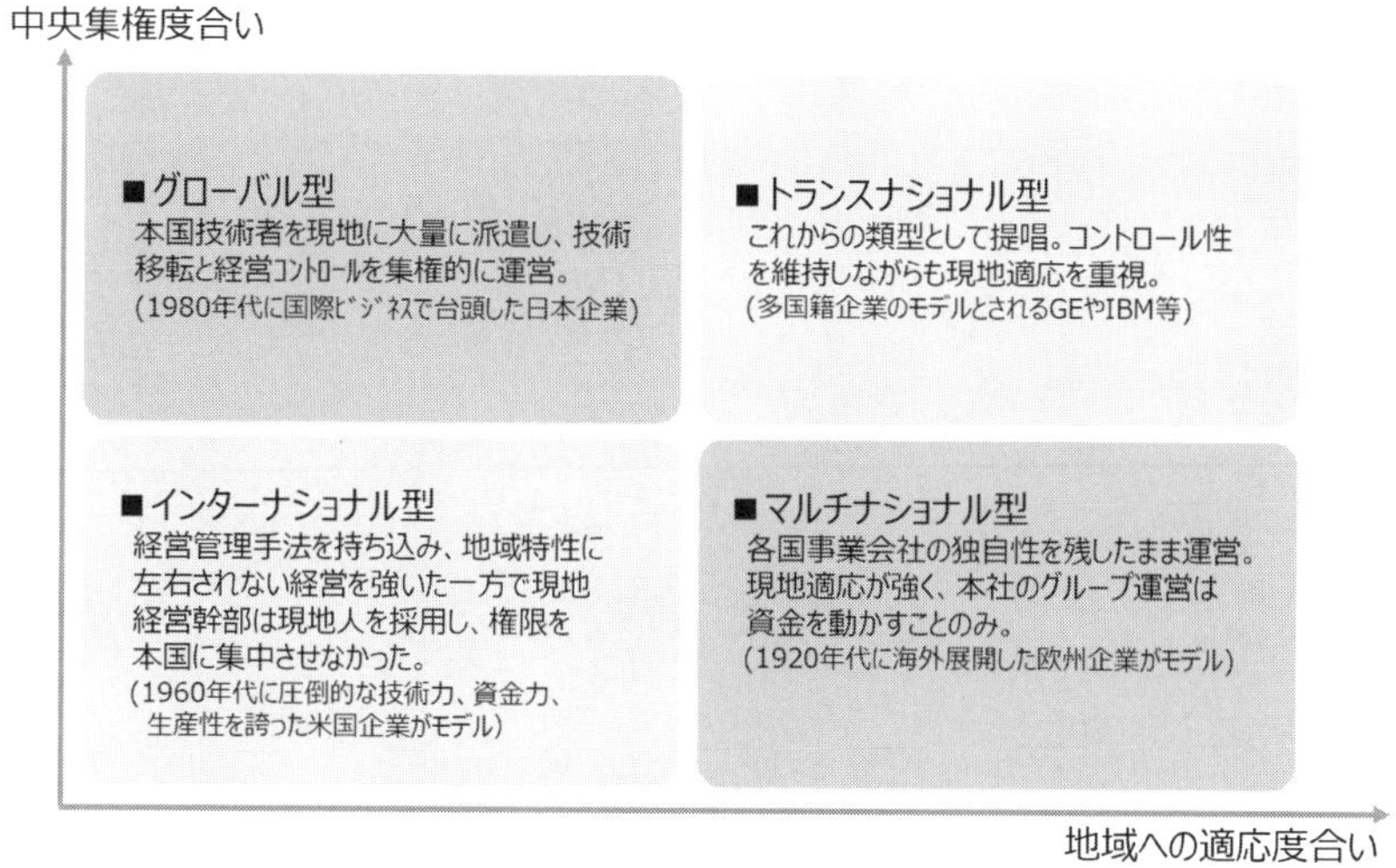
中央集権度合い
■グローバル型
本国技術者を現地に大量に派遣し、技術移転と経営ｺﾝﾄﾛｰﾙを集権的に運営。
(1980年代に国際ﾋﾞｼﾞﾈｽで台頭した日本企業)
■トランスナショナル型
これからの類型として提唱。コントロール性を維持しながらも現地適応を重視。

(多国籍企業のモデルとされるGEやIBM等)
■インターナショナル型
経営管理手法を持ち込み、地域特性に左右されない経営を強いた一方で現地経営幹部は現地人を採用し、権限を本国に集中させなかった。

(1960年代に圧倒的な技術力、資金力、生産性を誇った米国企業がモデル)
■マルチナショナル型
各国事業会社の独自性を残したまま運営。現地適応が強く、本社のグループ運営は資金を動かすことのみ。

(1920年代に海外展開した欧州企業がモデル)

地域への適応度合い

〔図表１－４〕バートレットとゴシャールの４類型
※経済産業省のホームページに掲載された
「国際化指標 2010 のモデル」での定義に基き筆者作図

のタイプの人材はすでにそれなりのビジネススキルを持っているため、育成プログラムの焦点は社内ネットワーキングと自社戦略や製品・サービスに関する知識インプットとなる。雇用契約の中で、期待するミッションと業績目標を明確に設定し、業績に応じた魅力あるインセンティブを提示することが重要。

(2) マルチナショナル企業　※原典ではマルチドメスティック企業

現地への思い切った権限移譲を行なうこのモデルで必要となるのは現地のマーケットをよく理解し、現地法人の経営を担うことのできる優秀な現地人リーダー。日本本社からの赴任者がトップを担っても現地への権限委譲や現地化は進まない。現地ですでに実績と評判が高いビジネスマンの中から採用するか、現地の合弁パートナーから迎える。

日本の親会社のことをよく理解している人であればそれに越したことはないが、逆に本社の機嫌ばかりうかがって、独自の意思決定ができないリーダーであってはならない。すでに完成度が高いビジネスリーダーであるため本社がトレーニングを施す必要はあまりない。本社のやり方を押し付けないかわりに、暴走や統治不全を防ぐため「お目付役」の役割を果たす〝グローバルコーディネーター型〟リーダーが必要となる。

（3）グローバル企業

ここで必要となるのは、本社の企業理念、方針、基準、行動規範、さらには様々な社内プログラムを世界に徹底して広めていく〝グローバルインプリメンター型〟のリーダー。会社のビジョンや理念を現地幹部やスタッフに対して体現することができ、かつ現場で戦略実行の指揮をとるバリバリの現場型の人材。本社のキーマンとの強いネットワークを持ち、海外にいながら本社の中長期戦略策定や、経営の重要な意思決定にも関わっている。こういったリーダー人材の候補は日本人か、本社採用で日本において一定期間働いたことのある外国人材（本社籍であることが重要なポイント）。

米国のGEやコカ・コーラのようなグローバル企業は、人材候補を本社で採用し、海外トレーニーなどの育成プログラムで時間をかけて育てた上で、海外に送っているが、多くの日本企業では場当たり的なローテーションに終始してきたため、その候補人材は極めて少ない。

（4）トランスナショナル企業

ここでのリーダー人材の特徴は国籍の多様性にある。本国（本社）だけではなく様々な国で選び抜かれ、グローバルキャリアとして採用された多国籍な優秀人材がリーダー候補となる。会社は綿密に計画されたグローバルキャリアプログラムで彼らを若い頃から高負荷のビジネス環境で鍛え、最終的には会社の核となる〝グローバルカドレ型〟リーダー（特別に訓練された幹部）へと育成していく。

トランスナショナル企業においては本社と海外現地法人はパートナー関係にあり、世界戦略は本社だけで練るのではなく海外現地法人の参画も促す。海外現地法人の方が優れたコンピタンスを持っている分野に関しては、本社は時に現地のやり方を取り入れ、従来のやり方を変えていく。本社と海外現地法人で力を合わせてイノベーションを進めていこうというスタンス。

第３節　計画を立案する際の基本原則

（１）グローバルビジネスの進化とともに必要な人材は変わる

これまで見てきたように、グローバルビジネスは常に進化を余儀なくされ、そしてその進化に伴って次々と〝それまでは必要がなかった人材〟が必要になります。

それまで完全に国内に閉じたビジネスを行なっていた企業が初めて海外市場にアクセスするようになると、英語が得意な人材や貿易実務に詳しい人材が必要となる、というようにです。

国内のみで事業を展開していた企業では、もともと外国語が得意な人材や海外に興味がある人材が入社することは少ないため、いざ必要となった時点では海外営業や貿易の要員は不足しがちです。

その後もグローバルビジネスの進化につれて海外拠点の機能が多様化し、結果的に現地に派遣する駐在員の数が増えるとともに、品質管理や生産技術、製品開発など様々な分野で海外との関わり（指導・支援・管理）が増え、日常的に海外拠点との意思疎通を伴う仕事をする人や、折に触れて海外に出張する社員が増えていきます。

「次々と〝それまでは必要がなかった人材〟が必要になる」ということは、言い換えれば、それまでは英語力を必要としなかった部署やポストでも、次々と英語力が必要になっていくということでもあります。

ここでは、設計や製造、品質、マーケティングといったそれぞれの職務における高い専門能力がある、すなわち〝シゴト〟ができることが大前提です。

企業によっては現地で通訳担当者が手配（雇用）されているケースもあるため英語力が軽視されがちです。近年のような売り手市場の環境下では英語力を妥協して募集・採用せざるを得ないという止むを得ない事情もあります。

しかし、次の二つの観点から、企業は決して英語力を軽視してはなりません。

一つ目は、従業員に対する「安全管理義務」の観点からです。日本で生活していると実感を持ちにくいですが、世界では、日本では考えられないような実に様々な事件・事故が起きています。一見平穏に見える国においても、突然の事故に巻き込まれる可能性は、日本に比べて圧倒的に高いと考えておいて間違いありません。令和3年版「犯罪白書」[7] によると、欧米諸国における強盗犯罪の発生率は、人口当たりで日本の25～50倍程度となっています。

大切な従業員を海外に送る企業では、海外で止むを得ずそういった事件・事故に見舞われた際に、とっさに自

7　法務省、２０２２年１月、『犯罪白書（令和３年版）』

身の身を護るための最低限の英語力すらもたない従業員を決して海外に派遣するべきではないのです。

また、海外では自殺者が多いことも、あまり知られていない事実です。厚生労働省のデータによると2021年に海外で亡くなった日本人のうち、自殺によるものは7・9％です。これは国内（約1・4％）の5倍以上にのぼり、いかに海外では自殺する人が多いかが分かる数値です。

英語ができる人は自殺しない、というわけではありませんが、悩み事やストレスを抱えた時に、現地に気軽に話せる人が少ないという状況は、精神的に安心・安全とは決して言えません。

英語力を軽視すべきでないもう一つの理由は、リモートコミュニケーションの普及です。コロナ禍によってZoomなどによるオンラインコミュニケーションが普及したことで、海外とのやりとりが一気に気楽で効率的なものになりました。しかしオンラインの環境下では、対面でのコミュニケーションと比べて意思疎通が言語情報のみに依存して行なわれます。

それはすなわち、出張して現地で顔を合わせて話すよりも高い英語力が必要となるということです。上記の「安全管理義務」への懸念は必要ない代わりに、コミュニケーションの質に注意が必要になるのです。

（2）デジタル化やパンデミックに伴う環境変化

「グローバルビジネス3・0」の世界観では、実に様々な分野で英語力や国際対応力が求められます。そしてそれは、近年もっとも人材の需要が伸びているデジタル分野も例外ではありません。

デジタル化やDXは、もはや止めようがない大きな流れとなってビジネスや生活を変えていますが、残念ながら、それに必要なデジタル技術で日本は諸外国に劣後していると言われています。スイスのＩＭＤ（国際経営開発研究所：International Institute for Management Development）が発表した「世界デジタル競争力ランキング２０２２」[8]によると、日本は29位と、米国、スウェーデン、シンガポール、スイスといったデジタル先進国はもちろん、韓国（8位）、台湾（11位）、中国（17位）といったアジア新興国からも大きく後れをとっています。

このことから想像するに、今日、ＩＴ技術に関する最先端の情報や事例は日本以外の国に、しかも日本語以外の言語（大半は英語）で存在しているのではないでしょうか。

仕事内容にもよりますが、最先端技術を用いたビジネスを推進するための要員が、もし英語を苦手としていたら、その人は求められるアウトプットをするための充分なインプットができないということを意味します。いうまでもなく、不充分なインプットで充分なアウトプットをすることはできません。そしてこれはＩＴ以外の先端分野でも同じことです。

デジタル化と並んで無視できない環境変化は、リモートワークの普及です。これまで、少なくとも日本においては育児や介護との両立といった〝例外〟への対応に過ぎなかったリモートワークは、コロナ禍によって急速に一般化し、人々のワークスタイルを大幅に変えるとともに、もはやその可否が人材確保の成否を左右するようにすらなっています。

8　ＪＥＴＲＯ（日本貿易振興機構）ホームページ、２０２２年10月、『世界デジタル競争力ランキング、日本は29位に低下』

（3）育成だけにこだわらず、外部労働市場に目を向ける

厚生労働省は、公正採用の観点から、募集時に特定の年齢層の人材のみを対象とすることを一部の例外を除いて禁じていますが、一方で技術・技能の伝承や事業や部署の存続のために、組織の年齢構成をある程度は偏りのないものにしておきたいという思惑を理解できないわけではありません。

しかし安易に若年層だけを対象にする採用は、違法であるだけでなく、人材確保の可能性を著しく狭めてしまいますので注意が必要です。

「35歳転職限界説」という言葉を多くの方がご存知だと思います。求職者の年齢が35歳を超えると、転職市場で得られる選択肢の数が急激に減少することを意味する言葉です。

〝失われた10年〟（1990年代）を終え、「転職」や「中途採用」がある程度市民権を得た2000年代においても、私たち人材紹介会社が取引先から預かる求人の多くは、「35歳未満」と明記されたものでした（2007年に行なわれた雇用対策法の改正により求人の年齢制限は禁止されました）。

なぜ「35歳まで」だったのでしょうか。個別に事情は異なりますが、概ね以下のような理由からだったように記憶しています。

a　（35歳までの）特定の年齢層の不足を埋めたい

b　できるだけ給与を低く抑えたい

c　管理職ではなくメンバー（実務者）を採用したい

d　管理職（直属の上司）より年齢の高い人を入れたくない
e　入社後に長く働いてほしい
f　歳をとるにつれて（新たな環境への）順応性が低下する
g　歳をとるにつれて能力的な伸びしろが小さくなる

aは技能の伝承などを考慮するとやむを得ないところがありますが、それ以外は今後の社会や労働市場の変化を考えると、どれも違和感を覚えるものばかりです。

２０２１年４月から70歳までの就業機会の確保を企業の努力義務とする法案が既に可決しており、労働人口の更なる減少や健康寿命の長期化のトレンドを見ると、〝70歳〟がいずれ〝75歳〟になっても何ら不思議ではありませんし、実際にその議論は始まっています。そして、もし75歳定年になったとしたら、22歳から始まるビジネスパーソンとしての人生の折り返し点は48歳。そこで「35歳まで」に限定した採用を行なう企業は著しく人材確保の機会を逸することになります。

「35歳まで」の人材採用と、それ以上のベテランを採用することの本質的な違いは、企業が伸びしろや可能性を買うか、経験値を買うかの違いです。

35歳未満の採用にこだわる企業では、その理由を尋ねると、「35（40）歳を過ぎたような人は今さら変わらないから」という答えがよく返ってきたものです。そんな企業に限って、求める人物像を尋ねると、「素直で飲み込みが早い人。あと元気で明るい人。業界経験はなくてもいいから」という、聞けば聞くほど曖昧な、判で押したような答えが返ってきます。

即戦力人材として一定の経験値をもつ人材を募集しようと思えば、これではいけないことはご理解いただけると思います。

第2章で詳しく述べますが、よい採用を行なう上で最も重要なことの一つが、求める人物像とその根拠についての明確化を怠らないことなのです。

(4) もはや〝全国大会〟は開催されない？

旧来のビジネスは、本社が位置する地域の金融機関から融資を受け、会社から1時間以内の距離に住む従業員を雇い、自社内にある技術や知識を用いて、比較的短時間で納品が可能なサプライヤーから仕入れた部品を使って作られた製品を、本社周辺の市場に販売する、という構造でした。

その〝地方大会〟を勝ち抜いた企業は、国内の他の商圏に営業所や工場を設けたり都市部に本社を移転するなどして〝全国大会〟に出場します。そしてそこで一定の実績と組織能力を培った後に、いよいよ海外展開、すなわち〝世界大会〟へと参戦したものです。

かつて、モノ作りの高い技術を有する我が国の企業は、レベルの高い全国大会を勝ち抜くと、比較的有利に世界大会を戦うことができたでしょう。しかし、前述したように今や先端技術で劣後する日本企業が、単独で世界と伍して戦っていくことは以前ほど簡単ではありません。また、海外展開をするための資源をもたないことを理由に、国内大会だけを戦えばよいと考えることも危険です。国内市場には、逆に強い競争力を持つ外資系企業が参入しているので、それは世界大会の一つのゲームが国内のスタジアムで開催されているのに過ぎないのです。

デジタル化とリモートコミュニケーションを前提とし、また貿易や投資の自由化が進んだ新たな時代においては、もはや〝地方大会〟どころか〝全国大会〟すらも開催されなくなります（全てのゲームが世界大会）。〝近くにある〟ということだけではこれまでの受注は保証されない可能性があるということです。

海外を視野に入れるべきなのは製品開発だけではありません。近年、海外投資家が日本のスタートアップ企業に出資する例が増えています。東京都に本社を置くベンチャーキャピタル「Coral Capital」によると、メルカリ（２０１８年）やSansan（２０１９年）といった大型上場によって日本にも高いポテンシャルをもつスタートアップ企業があるということが海外でも知られてきたことに加え、海外投資家と英語でコミュニケーションできる優秀な人材がスタートアップに増えたことが理由だと言います。言い換えれば、創業社長の脇を固めるＣＦＯに、上場企業でのＩＲ経験者や外資系投資銀行出身者といった、ＩＰＯ前後に海外投資家としっかりと話せる人材がいるかどうかが、企業の資金調達、ひいてはその企業の成長スピードを左右することになるのです。

そして、これから〝世界大会〟を戦う企業において、その勝敗を分かつ一つの重要な要素は人材確保です。進化の過程やスピードは各社（業界）各様であり、また決して先の段階に進んだ企業が勝者であるとは限りませんが、一つ確実に言えることは、繰り返し述べてきたように、ビジネスの進化に伴い次々と「それまでは必要がなかった人材」が必要となるということです。そして多くの場合それは、〝シゴトもエイゴもできる人材〟です。

次に高度な英語力が必要になるのはどの部署、機能か、先回りして考え、準備することが、ビジネスで勝利するためにこれまで以上に重要になるのです。

問

貴社のグローバルビジネスが次の段階へと進化したら、そこで新たに英語力が必要となるのはどの部署・担当でしょうか。

第2章　必要な人材とはどのような人材か

〈第2章の論旨〉

☞ インタビューを実施した各社における海外事業要員の役割は、「①ハンズオンによる事業の推進や問題解決」、「②現地に対する技術・経営ノウハウ・文化の伝承」、「③海外でのリソース獲得」、「④現地ビジネスや駐在員に対する支援」。

☞ また海外事業要員の要件は、「①技術力・現場力」、「②異文化コミュニケーション能力」、「③マネジメント能力」、「④問題発見・解決力」、「⑤マインド、メンタル」。

☞ いずれも、以前から行なわれてきた「グローバル人材」の定義や要件をめぐる議論と大差なく、特に目新しいところはないが、重要なことは、これらのビッグワードで思考を停止することなく、それぞれの項目ごとに、自社においては具体的に何ができることを表すか、を掘り下げて議論すること。

☞ 外部人材を募集する際、適切な候補者を集めるためには、求人票上で役割や要件を具体的に明示する必要があり、それには対話と訓練が不可欠。

☞ 海外駐在員に求められる要件は今後変化する（同じ職務でもビジネスの発展段階や戦略に応じて職務要件は変化する）。

次に、実際にグローバル人材確保をする中堅・中小企業に対するインタビュー結果から、各社が求める海外事業要員とは、何を行なうどのような人材なのかを概観します。

それぞれの事例は、文字量も多いため、敢えて巻末（Ｐ１４５）に添付しました。ご興味とお時間のある方は、まずそこから読んでいただいてもよいと思いますが、まずはあまり深読みすることなく、それぞれの〝物語〟として流し読んでいただくのがよいのではないかと思います。

事例の紹介にあたっては、できるかぎりインタビューした方の発言や用語を忠実に再現するようにしたため、ところどころ同様の内容を別の言葉を用いて表現している箇所があることをご容赦願います。敢えてそのようにしたのは、読者の皆さんが海外事業要員の役割や要件の言語化をする際のイメージを膨らませるためです。それぞれの組織には、その組織ごとに用いる言葉や表現形があります。実際に役割や要件を言語化するプロセスでは、10人の回答者がそれぞれに語っている表現法や用語をそのまま真似るのではなく、皆さんの組織で用いられる表現形や文脈を大切に、共通認識を形作ってください。

本章では、インタビューを実施した10社において、海外事業要員の役割と要件だけを抜き出して分析します。

▼インタビュー調査の概要

【対象】　海外に子会社を有する日本企業の人事責任者（取締役・執行役員・部長）10名

※　事前に質問票を送付した上で、オンラインコミュニケーションツール、または対面によって各60～90分の時間で実施した。

※　事前に実施したアンケートで「今後海外事業比率が高まる」と回答した企業20社に対してインタビューを依頼し、応諾してくれた10社（下記）に対して実施した（実施時期は2020年8～9月）。

【インタビューを実施した企業】

社名	業種	従業員数	資本金	本社所在地	回答者
A社	自動車部品製造	100名未満	1億円未満	関東地区	取締役総務部長
B社	自動車部品製造	100～299名	1億円未満	東海地区	代表取締役社長
C社	化学品輸出入販売	100～299名	1～5億円未満	関東地区	総務部長
D社	自動車部品製造	100～299名	1億円未満	東海地区	総務部長
E社	産業機械製造	300～499名	5億円以上	関西地区	総務本部　副本部長
F社	ソフトウェア開発	100名未満	1億円未満	東海地区	代表取締役社長
G社	機械・工具販売	500～999名	5億円未満	東海地区	総務人事部長
H社	産業機械製造	1000名以上	5億円以上	関東地区	取締役事業部長
I社	自動車部品製造	1000名以上	5億円以上	東海地区	総務部長
J社	食品製造	300～499名	1～5億円未満	東海地区	常務執行役員人事部長

【テーマ】自社における「グローバル人材」の役割・要件・確保の方法
（質問-１）貴社における海外事業の沿革
（質問-２）貴社の海外事業要員の役割
（質問-３）貴社における海外事業要員の要件
（質問-４）貴社の海外事業において代表的・象徴的なはたらきをした人材
（質問-５）その他

第１節　役割や要件を言語化する（人材確保の最重要課題）

10社に対して実施したインタビュー結果から、海外事業要員に期待する役割と、海外事業要員の要件について各社別にまとめたのがＰ59、60の図表です。Ｃ社、Ｇ社を除くすべての企業で、海外事業要員は即ち海外駐在要員を指していますので、結果的に「海外駐在要員の役割と要件」について整理したことになります。

各社各様の言葉で語られていますが、「役割」は４つに「要件」は5つに分類することができます。

（1） 海外駐在員の役割

▼役割①：ハンズオンによる事業の推進や問題解決

―海外現地法人に駐在して現地ビジネスの推進およびそれにまつわる各種問題解決を行なう（B社）

―必要に応じて自己の責任と権限を行使して抜本的な施策を講じる、それらを通して現地子会社の売上を上げる（G社）

▼役割②：技術・経営ノウハウ・文化の伝承

―より付加価値の高い製品を生産・提供するための技術を日本本社から移管すること（A社）

―製造、保全などの技術移管や問題解決を行なうために中国、メキシコ拠点に派遣される（D社）

―発展段階に応じた指導を行ない、アジア各拠点における現地人材の自立化を進める（E社）

―技術移管や問題解決のために「コーディネイター」として現地に赴任する（I社）

―本社のモノ作り能力を現地に移管すること、「繋ぎの役割」（J社）

▼役割③：リソースの獲得

―最先端技術や技術者が集積する地域（欧州）で、より先端の技術情報を入手し、人脈を築く（F社）

―将来の経営幹部として必要なマネジメント経験を積む（A社）

▼役割④：海外ビジネスの支援

―海外赴任から帰任した後は、その経験を活かして日本から現地ビジネスの支援を行なう（A社）

―現地で一定の成果を上げて帰任し、その後は日本から現地の支援を行なう（B社）

「**役割①：ハンズオンによる事業の推進や問題解決**」は、主に海外拠点の立ち上げ段階などでナショナルスタッフが充分に育成されていない場合に重要です。また、国内の主要取引先に随伴して海外に進出し、現在も日系企業向けの事業のみを行なうB、G社では必然的に日本人への依存度が高まります。取引先である日本企業から、日本人による対応を求められることも少なくありません。

「**役割②：技術、経営ノウハウの移転**」とは、今回の調査対象企業が製造業中心であったことから、ほぼすべてが日本のモノ作り技術を現地に移管することでした。複数の回答者が同様に「自立化」という表現を用いて説明した通り、日本人による立ち上げの段階を終え、駐在員や出張者を減らして経済性を高める、或いは、これまでとは異なる高付加価値品や現地の需要により即した製品の生産を始める、といった次なる目標に向け、各社は現地の自立性を高めるべく技術の移管を行なっています。

ここで障壁となることは、「言葉の壁」です。ｄ氏（Ｄ社）は、「日本人とは異なるコミュニケーション特性をもつ現地スタッフに対して、〝やって見せる〟だけでなく、〝言葉で指導する〟ことができる」、またｈ氏（Ｈ社）は、「ユーザーニーズの文化的背景と自社製品の設計思想（こだわり）といった必ずしも図面や文書に表れない内容で相手と合意点にたどり着ける異文化コミュニケーション能力を兼備していること」と、その問題が単に学力としての外国語力に限らないことを示唆しました。

また、「**役割③：リソースの獲得**」は、昨今ＩＴなど最先端分野の企業において目立つ役割です。大手メーカーが米・シリコンバレーに研究開発拠点を設けていることはその典型で、Ｆ社はさらに、日本本社勤務の人材確保まで海外で行なっています。

一方、将来の経営幹部候補には必ず海外赴任をさせる、というA社の海外駐在員は、自らの経験値（能力）というリソースを現地で獲得していると言えます。またA社やB社のように、帰任後に日本本社から現地ビジネスを支援する役割を担うことを期待されている場合は、海外赴任が現地事情に関する知見や現地人脈といった現地支援に必要なリソースを獲得することにも繋がっていると言えます。

最後に、「**役割④：海外ビジネスの支援**」は、高（2015年）[9]によって、その二つの意義が指摘されています。一つは、現地事情や駐在員の置かれた立場や心情を理解し得るが故に、適切な支援と迅速な問題解決が可能であるという点。そしてもう一つは、海外駐在によって体得したグローバルな視点やビジネスセンスを本社の経営に還元し、本社の内なる国際化や拠点間の連携を促し得るということです。この効果はA社やB社などで明確に認識され、実践されています。

（2）海外事業要員の要件

▼要件①：技術力・現場力

—製造に関する知識・技術（A社）

—同社の理念や競争優位をよく理解し、職務でよく体現できること（C社）

9　高瑞紅、2015年9月、「海外駐在員の役割と課題—先行研究の検討—」（『経済理論』381号）

―製造、保全、品質等の技術や知識が豊富であること（Ｄ社）
―自社や自社製品を熟知した上で、現地人材に営業や技術を教えることができること（Ｅ社）
―具体的な「売り方」を教えて現地人材の信頼を得ることができる（Ｇ社）
―開発者としてのスキル（Ｈ社）

▼要件②：異文化コミュニケーション能力

―ユーザー、ディストリビューター、仕入先と心を通わせて自社の考えに共感を得る「コミュニケーション能力」（Ｃ社）
―日本人とは異なるコミュニケーション特性をもつ現地スタッフに対して〝言葉で指導する〟ことができる（Ｄ社）
―現地事情を受容し現地人材の自主性を促す指導ができる（Ｅ社）
―異文化の中で埋没せず考えを主張した上で、組織やプロジェクトをリードできるマインドや能力（Ｆ社）
―ユーザーニーズの文化的背景と自社製品の設計思想（こだわり）といった必ずしも図面や文書に表れない内容で、相手と合意点にたどり着ける異文化コミュニケーション能力（Ｈ社）
―人間関係を築き商品開発などの業務を共同で行なうことができる（Ｊ社）

▼要件③：マネジメント能力

―拠点経営・事業経営のスキル（Ａ社）
―トップとして海外現地拠点のマネジメントを行なうことができる（Ｅ社）
―まずは国内で管理職として一定の信頼を得ていること（Ｉ社）

▼要件④：問題発見・解決力
―現場と財務諸表から問題を発見し、日本とのビジネス構造の違いをよく理解した上で解決の〝力点〟を特定できる（B社）
―言われた事をこなすのではなく自ら課題を解決したり提案できる（F社）

▼要件⑤：マインド、メンタル
―少々のことには動じない胆力（仕事ができることとは別の能力）（A社）
―海外で働くことに対する明確な意欲（B社）
―共有した情報をもとに現地人材と協働できる開放的な性格（G社）
―身体活動性が高く、モラトリアム傾向が低い（G社）
―海外について前向きに考えられるバイタリティがある、海外出張を厭わず、対人関係に対して積極的である（I社）
―日本よりも大きな責任と権限を担い、言葉も通じない状況を耐え抜くメンタルの強さ（I社）

本章では、A～Jの10社のインタビュー結果から海外事業要員の役割と要件を抜き出して整理し、考察しました。

インタビューを実施した各社において、海外事業要員の役割は主に海外子会社に駐在員として赴任し、現地に開発・製造・営業などの技術を移転することのほか、立ち上げ間もない拠点においては自らハンズオンで事業の推進を行なうことでした。そして、その役割を果たす上で必要な要件を「グローバルビジネススキルセット」（筆者造語、図表2-1参照）として整理しました。

これ自体は、以前から行なわれてきた「グローバル人材」の定義や要件をめぐる議論と大差なく、特に目新しいところはありませんが、読者の皆さんがそれぞれに海外事業要員の要件を検討するプロセスにおいて、テンプレートとしてご利用ください。

各社によって優先順位や後天的に身に着けることができるかどうかなど、事情は異なるでしょう。ここで重要なことは、それぞれの項目ごとに、ご自身の組織においては具体的に何ができることを表すか、を掘り下げて議論することです。決して、「異文化コミュニケーション能力が重要」とか、「マネジメント力は欠かせない」というように、ビッグワードで思考を停止してはなりません。

「異文化コミュニケーション能力」を例にとると、ｆ氏はそれを「異文化の中で埋没せず考えを主張した上で、組織やプロジェクトをリードできるマインドや能力」と語り、ｈ氏は「ユーザーニーズの文化的背景と自社製品の設計思想（こだわり）といった必ずしも図面や文書に表れない内容で相手と合意点にたどり着ける」こと、と全く異なる表現をしています。

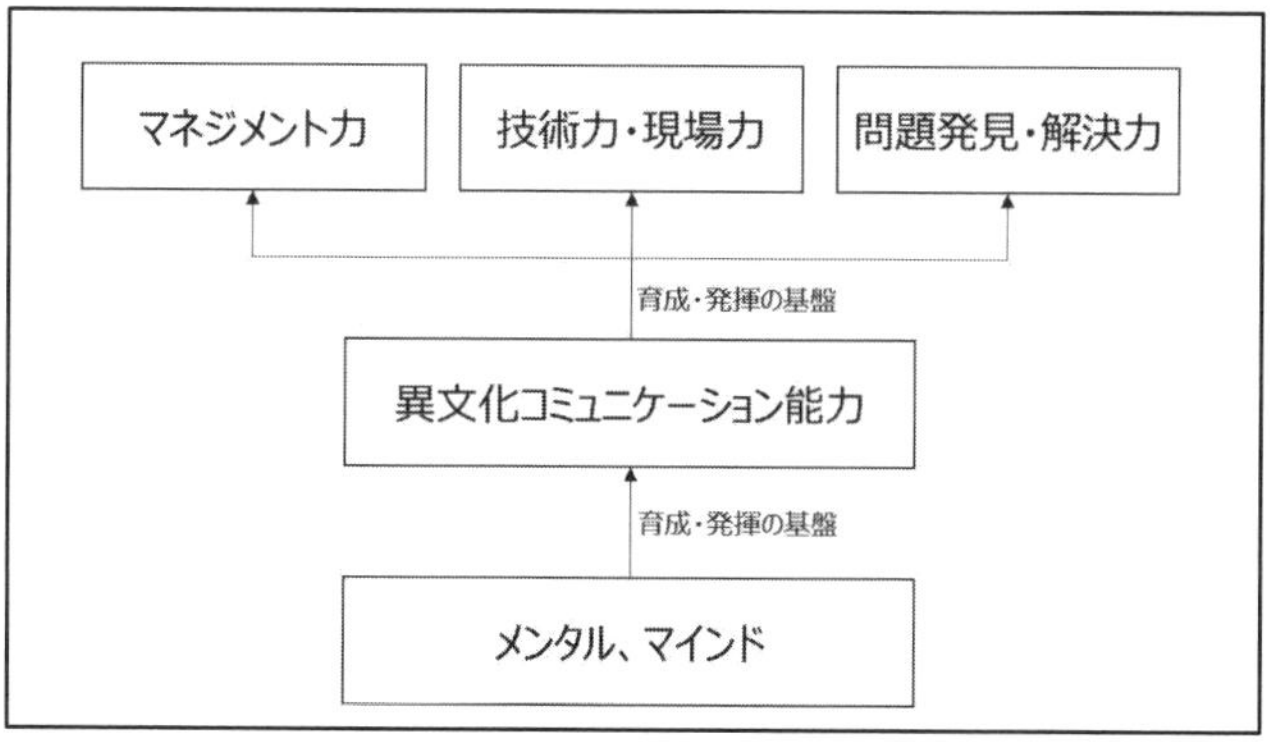

〔図表２－１〕グローバルビジネススキルセット

そしてその要件は、事業や現地組織の発展段階によって変わっていきます。現にi氏は、海外各子会社の発展段階（現地適応状況）に応じてそれぞれの問題を正しく把握し、解決することの必要性について述べた上で、今後「プール人材の中身が変わる」という表現を用いて要員に求められる能力がビジネスや組織の発展段階とともに変化することを示唆しました。

繰り返しになりますが、本章で述べたいことは、各社が挙げた役割や要件の是非ではなく、ご自身の組織で海外事業要員に期待することを言語化し、それを常にアップデートすることの意義です。この「言語化」こそが後章で述べる「採用活動を妨げるカベ」のひとつになっているのです。

問

貴社の海外事業要員が発揮すべき「異文化コミュニケーション能力」とは具体的にどのようなスキルでしょうか。

問

貴社が海外拠点に移管したいのはどのような技能・組織能力でしょうか。

〔図表２－２〕　インタビュー結果のまとめ①　海外事業要員に期待する役割

社名	分類	グローバル人材の仕事・役割
A社	技術・経営ノウハウ・文化の伝承	-海外各拠点に出向して現地のビジネス、組織のマネジメントを行なうこと
		-より付加価値の高い製品を生産・提供するための技術を日本本社から移管すること
	リソースの獲得	-必要に応じて日本本社からの支援を獲得し、内外一体となった事業発展を図る
		-海外赴任から帰任した後はその経験を活かして日本から現地ビジネスの支援を行なう
	海外ビジネスの支援	-将来の経営幹部として必要なマネジメント経験、海外知見を積む
B社	ハンズオンによる事業の推進や問題解決	-海外現地法人に駐在して現地ビジネスの推進およびそれにまつわる各種問題解決を行なう
		-現地で一定の成果を上げて帰任し、その後は日本から現地の支援を行なう
	海外ビジネスの支援	
C社	ハンズオンによる事業の推進や問題解決	-海外販売を行なう(営業やマーケティング部門) -海外製品の買い付けを行なう(購買部門)
D社	技術・経営ノウハウ・文化の伝承	-現地トップのほか、製造、保全などの技術移管や問題解決を行なうために中国、メキシコ拠点に派遣される -交替で長期出張(5ヶ月)を行ない、金型の修理・保守に関する指導を行なう（金型技術者）
E社	技術・経営ノウハウ・文化の伝承	-主にアジアの拠点に駐在し、①経営マネジメントと②現地人材の指導③アフターサービス、を行なう -発展段階に応じた指導を行ない、アジア各拠点における現地人材の自立化を進める -欧米の子会社や提携先と技術交流を進める
F社	リソースの獲得	-最先端技術や技術者が集積する地域で、より先端の技術情報を入手し、人脈を築く
G社	ハンズオンによる事業の推進や問題解決	-積極的な関与によって現地人材の能力と意欲を高める -必要に応じて自己の責任と権限を行使して抜本的な施策を講じる -それらを通して現地子会社の売上を上げる
H社	ハンズオンによる事業の推進や問題解決	-英語力、交渉力の面で営業担当に依存することなく受注活動を行ない、事業の経済性を高める
I社	技術・経営ノウハウ・文化の伝承	-本来の期待役割は現地子会社の「自立化」であるが、その状態は未定義 -現時点においてはトップとして海外現地法人に赴任するほか、技術移管や問題解決のために「コーディネイター」として現地に赴任する
J社	技術・経営ノウハウ・文化の伝承	-「現地化」(現地人材中心のビジネス)を実現するための「繋ぎの役割」 -現状では本社のモノ作り能力を現地に移管すること

〔図表２－３〕　インタビュー結果のまとめ②　海外事業要員の要件

社名	分類	グローバル人材の要件
A社	-技術力・現場力 -マネジメント力 -ゼネラリスト的素養	-製造に関する知識・技術に加え、拠点経営・事業経営のスキル -少々のことには動じない胆力(単に仕事ができることとは別の能力) -ゼネラリストとしての素養(同社の技術者育成方針「多能工化」や海外での「マルチタスク」に堪え得る) -将来的にA社の経営の一翼を担うに足る人物であること
B社	-マネジメント力 -問題発見・解決力 -海外志向	-i)工程の設計ができる、ii)財務的な視点を持てる（投資に対する金銭感覚がはたらく）、iii)工員や工場そのもののマネジメントができる -現場と財務諸表から問題を発見し、日本とのビジネス構造の違いをよく理解した上で解決の"力点"を特定できる -社内(本社)で良好な人間関係を築き支援や理解を得ることができる -海外で働くことに対する明確な意欲
C社	-理念・イズムの体現 -ゼネラリスト的素養 -異文化コミュニケーション力	-外国語は必要条件で、それ以上に同社の理念や競争優位をよく理解し、職務でよく体現できること -ゼネラリストとしての素養(異動を許容し、移動先部署でも活躍できること) -ユーザー、ディストリビューター、仕入先と心を通わせて自社の考えに共感を得る「コミュニケーション能力」
D社	-技術力・現場力 -異文化コミュニケーション力 -指導力	-製造,保全,品質等の技術や知識が豊富であること -高い指導力をもつこと（日本人とは異なるコミュニケーション特性をもつ現地スタッフに対して、"やって見せる"だけでなく、"言葉で指導する"ことができきる（外国語力については問わない））
E社	-マネジメント力 -指導力 -異文化コミュニケーション力 -英語力	-トップとして海外現地拠点のマネジメントを行なうことができる(本社の執行役員クラスの要件) -E社のことやE社の製品を熟知した上で、現地人材に営業や技術を教えることができる(課長クラスの要件) -指導に際しては現地事情を受容し現地人材の自主性を促す指導ができること -英語力は不可欠
F社	-自己主張 -問題発見・解決力 -異文化コミュニケーション力	-異文化の中で埋没せず考えを主張した上で,組織やプロジェクトをリードできるマインドや能力 -言われたことを無難にこなすのではなく、自ら課題を解決したり提案できること
G社	-技術力・現場力 -指導力 -マインド、メンタル	-①製品や技術の知識、②指導性、③英語力、の全てを兼ね備えていること -具体的な「売り方」を教えて現地人材の信頼を得ることができる -共有した情報をもとに現地人材と協働できる開放的な性格 -身体活動性が高く、モラトリアム傾向が低い　※g氏により検証中
H社	-技術力・現場力 -異文化コミュニケーション力	-開発者としてのスキルとともに、ユーザーニーズの文化的背景と自社製品の設計思想(こだわり)といった必ずしも図面や文書に表れない内容で相手と合意点にたどり着ける異文化コミュニケーション能力を兼備していること
I社	-マネジメント力 -マインド、メンタル	-まずは国内で管理職として一定の信頼を得ていること -海外について前向きに考えられるバイタリティがある、海外出張を厭わず、対人関係に対して積極的である -日本よりも大きな責任と権限を担い、言葉も通じない状況を耐え抜くメンタルの強さ(特にアメリカでトップを張るためには相当強いメンタルの持ち主である必要がある)
J社	-技術力・現場力 -異文化コミュニケーション力	-ビジネスのバックグラウンドがあり外国語(英語、中国語)を駆使してマネジメントレベルの会話を円滑に行うことができる -人間関係を築いて商品開発などの業務を共同作業で行なうことができる

第２節　求人票に反映する

要件の言語化は、海外事業の進化とともに新たにどのような職務が生じるか、それに伴い新たにどのようなスキル（人材）が必要となるかについて、社内で認識の解像度を上げるために重要であるとともに、外部人材を募集する際にも実務的にたいへん重要です。

本節では、人材紹介会社である当社に寄せられる海外事業要員募集の求人票の実例も交えて、表現法や、適切な表現を行なうための考え方について述べます。

ちなみに、なぜ求人票上での表現法といった「How」について、次の第3章（必要な人材をどのように確保するか＝How）ではなく本章で述べているかというと、それは本章の「必要な人材はどのような人材か」を考えることのゴールは、ただ頭で考えることではなく、考えた結果を適切に言語化することだからです。逆に、求める人物像を言語化できていないとすれば、それはまだ充分に考え切れていないということかも知れません。その前提で読み進めてみてください。

（１）求める人材像を掘り下げる

そもそも必要なのはどんな人物か。これが明確でなければ採用や育成がうまくいくはずがありません。また、現場が定義した要件が人事部に、また人材紹介などの外部チャネルを用いる場合には、人事部からその担当者

（コンサルタント）へと正確に伝わらなければ、適切な候補者と巡り会うことはできません。

第1節では、10社が求める海外事業要員の役割と要件について、回答者の生の声を再現しました。一つひとつ見ていくと、中にはもっと掘り下げて具体的に描写すべき表現もあるように感じますが、大事なことは、これが求人票に書かれていたとして、読み手が「自分が担う役割や職務」が正確にイメージできるかどうかということです。

そのためには、人事部は現場の人材需要（求人）を把握する際に、どんな人が欲しいか、という直線的な質問ではなく、その人は入社してどんな仕事をするのか、どのようなプロセスでどのような成果を出すのか、その人が加わるのはどのような成り立ちの組織か、周りにはどのような人がいて、ともに目指すのはどのような未来か、どのようなリソースが与えられるのか、求められる成果を出した後には次にどのような機会が与えられるか、というように、その人を含む組織や職場を大きく捉え、また過去・現在・未来の時制から立体的に理解することができるよう、質問を重ねる必要があります。

しかし、求人票を作成するうえで陥りやすいのは、「どんな人が応募可能か」という間違った応募者目線です。もし皆さんが作成した求人票が、「海外駐在の経験があること」「Webを使ったマーケティング経験3年以上」、といった「応募要件」を中心に書かれていたとしたら要注意です。

このような求人票ができあがる理由はいくつかあります。一つは、人事部が現場の仕事をよく理解していない場合です。仕事内容や発揮能力について質問しても、よく解らない専門用語ばかりで理解することができず、結果、「手っ取り早く機械的に候補者を選別する」という作業に逃げてしまうのです。また、人事部が正確に理解をしていたとしても、候補者の紹介を依頼した人材紹介会社のコンサルタントが同様の思考に陥ることも珍しくありません。

もう一つの理由は、「候補者から選ばれる」という視点の欠如です。これまであまり経験者採用を行なったことがなかった企業が、昨今の激しい人材獲得競争の現実を知らない場合や、過去に人気企業に在籍して、次々とやってくる候補者を選別することが人材採用だと勘違いしている採用担当者（人事部長）が陥りがちです。

また人材紹介コンサルタントの役割認識によっても応募要件偏重の求人票ができあがることがあります。コンサルタントによっては「応募したい人（登録人材）にチャレンジの機会を提供するのが仕事である」という価値観をもっている人もいますので、「数多くの候補者を推薦する」（推薦数）ことを第一に考えた結果、多くの人にとって応募が可能な漠然としたハードルの低い求人票ができあがるのです。

人材紹介会社に身を置く者とすれば、決して安くない手数料をいただく以上、妥協なく真に必要な人材を採用するためにこそご利用いただきたいと考えています。よって、「あの人もこの人も、そんな人もみんな、誰でも応募が可能ですよ！」というようないたずらに間口を拡げるような求人票で依頼をしてほしくはありませんし、そんな求人票を作案してくるコンサルタントには要注意だとご忠告申し上げます。

もちろん、オーダーメードのサイボーグのような（現実的に存在し得ないような）要件を書き並べても仕方がありませんし、現場が求めている以上の能力要件を記載しても意味がありません。しかしここで忘れないでいただきたいことをただ一つ挙げるとしたら、「優秀な人材はチャレンジを好む」という原則です。

求む男子。至難の旅。僅かな報酬。極寒。暗黒の続く日々。絶えざる危険。生還の保証なし。
ただし、成功の暁には名誉と称讃を得る。

これは、1914年にアーネスト・シャクルトンという英国の探検家がロンドンタイムスに出稿した、南極探検隊員を募る求人広告です。[10]

この求人広告によって、5000人以上の応募者が集まり、そこで選抜された28人が南極大陸の初横断を目指して同氏とともにロンドンを出発します。途中、船が流氷に閉じ込められて身動きがとれなくなった上に損壊するという絶望的な事態に見舞われながらも、奇跡的に全員が生還することができました。

前人未到の南極探検を成功させるには、極寒や暗黒といった極限状態をものともしない〝命知らず〟で固められた組織が不可欠です。結果的に全員が生還することができたという意味では、この募集(採用)は成功だったと言えます。すなわち、この一見クレイジーな応募要件は、南極探検を成功させることを目的に作文された求人票と言えるでしょう。逆にこれを「応募者数を増やすための求人票」に書き換えると次のようになります。

先ほどのクレイジーな描写に比べて、むしろ日常的に見慣れた感覚を抱く方も多いのではないでしょうか。

〈応募要件〉

・大型機械の操作経験を要す(船用機器や操船の経験者は優遇)
・寒さや暗闇を苦手としない人が望ましい(防寒具は支給します)
・南極に興味がある人(冒険の未経験者歓迎)
・やりがいのあるお仕事です(探検を成功させて称賛を得ましょう!)

10　東洋経済オンライン、2022年5月、『「わずかな報酬」「生還保証なし」で成功の求人広告 ―非日常性を与えて「ひらめき」を生む戦略質問』

熱心な読者の方は、この求人票がどのような募集効果を生むか、既に想像しておられるでしょう。しかしもっと大きな問題は、この求人票を見て「応募しない人」が生まれることです。

先の求人票（実際に掲載されたもの）を見て探検隊に応募し、合格したような〝命知らず〟は、2番目の求人が描写するような、「誰にでもできる仕事」には魅力を感じません。誰もが尻込みするような仕事にチャレンジすることこそを生きがいとするような人は「未経験者歓迎」「寒さが苦手でなければ大丈夫」といった気軽な誘いに乗るはずがないのです。

もし実際に新聞に掲載された求人が2番目の求人だったとしたら、2倍の1万人が応募したかも知れないかわりに、あの絶望的な状況から生還することができたような28人は応募しなかったかも知れません。その結果アーネスト氏は、〝29番目から56番目〟に適性が高い28人を選んで探検に出発せざるを得なかったことになります。能力や耐性、覚悟といった面で実際の28名に劣る人たちが探検に赴き、同じように遭難したとしたら、その結果は悲観せざるを得ません。

（2）応募者を集めることを目的化しない

海外事業要員に限らず、経験者採用を行なう際、求める人材が優秀な人材であればあるほど、求人票を通じて暗に発すべきメッセージは、「まずは応募してみてください！」ではなく、「かなり難しい仕事ですけど、これができる人はいますか?」という挑戦的なニュアンスであるはずです。

少し話を抽象化しすぎたので、第1節で紹介した各社の〈海外事業要員の要件〉のうち、「異文化コミュニケーション能力」を題材にして解説します。

―日本人とは異なるコミュニケーション特性をもつ現地スタッフに対して〝言葉で指導する〟ことができる（D社）

―異文化の中で埋没せず考えを主張した上で、組織やプロジェクトをリードできるマインドや能力（F社）

―ユーザーニーズの文化的背景と自社製品の設計思想（こだわり）といった必ずしも図面や文書に表れない内容で、相手と合意点にたどり着ける異文化コミュニケーション能力（H社）

これに対して、実際に目にする多くの求人票には、「TOEIC600点以上」「ビジネスで使用経験がなくても可」「英語を学ぶ意欲がある方であれば大丈夫です」といった曖昧な表現が並んでいます。

もしD社の海外事業要員（海外の生産拠点に赴いて現地の作業スタッフに手順や技術を指導する要員）として、「学生時代に一度だけ受けたTOEICのスコアが600点だった抜群の技術を持つエンジニア」が登用されたら、現地でD社が行ないたいモノ作りはできそうでしょうか。またF社の海外事業要員（欧州に身を置き、時に自分よりも高度なIT技術をもつ人材をも率いて日本国内の取引先から受託したシステム開発を行なう要員）として、「これから英会話をマスターしたいと考えている、プロマネとしての開発経験豊富な人物」が登用されたら、欧州現地のITエンジニアの持てる力を存分に生かしたシステム開発ができるでしょうか。

「だったらTOEICの要件を600点ではなく990点にすればよいのか」という問題ではありません。ここで大切なことは、英語ができる人は、できるようになるまでに相応の努力と苦労をしている（ことが多い）ということであり、せっかく苦労して身に着けた英語力を、できるだけ今後のキャリアに生かしていきたいと考えている、その思いを理解し尊重すべきであるということです。そしてそんな、苦労して身に着けた高い英語力をもつ人物を採用したいのであれば、「（興味さえあれば）誰でもできる仕事」に見せるのではなく、「多大な努力によって身に着けた高度な英語力が存分に生かせる仕事」であることを正確かつ具体的に伝える内容に仕上げるべきだということです。

ここで一つ、実際に当社に寄せられた求人の中から、好例をご紹介します。北米、欧州、アジアなど世界中に拠点を置き、Ｍ＆Ａによって更にそのネットワークを広げるとともに、製品開発やマーケティングなどで緊密な連携を行なう「グローバルビジネス３・０」の段階にある企業の求人です。

【タイトル】　ＩＴインフラエンジニア

【仕事内容】　グローバルＩＴチームの一員として、日本はもとより世界中の各地域拠点と協働しＩＴインフラの変革と安定運用を担う。
担当分野はネットワーク、セキュリティ、クラウドサーバー、基幹業務システムのいずれか。

【レポートライン】　各地域の IT 部門責任者、および本社の情報システム部長

【ポジション魅力】　当社の IT を支えるインフラのダイナミックなトランスフォーメーションを、全世界（欧州・北米・アジア・中東など）のメンバーと共に取り組むことができます。

【応募要件】　海外のグループ会社や顧客と、英語を用いた円滑なコミュニケーションができる（要実務経験）
※　資料作成のほか、週に複数回以上あるミーティング、メールやチャットでの意見交換は全て英語のみで行われます
（読み書きは必須、発言出来る能力も必須）

人事部門で社内の経験者採用を担当している方は、人材を必要としている部署から求人の依頼を受けたら、求められている英語力はTOEICに置き換えると何点くらいのものか、と安易な置き換えをしようとせず、人材を求める部門長と、どんな場面で、誰を相手に、何を目的とするコミュニケーションを行なうのか、そもそもその英語力を生かしてどんな成果を生み出してほしいのか、ということを、自分自身が具体的な仕事のイメージを持てるまで、恐れずに問いを繰り返してください。

一方、そんな求人を預かる人材紹介コンサルタントの方は、「多くの応募者を集める」ことを目的とせず、求人企業が目指す成果を出すために必要な英語力を理解し、多くの求職者が尻込みしたとしても、その高度な英語力を有する稀有な人材こそが「チャレンジしたい」と思えるような求人票を作案するべきです。そしてそれは、英語力に限った話ではありません。

問 貴社において、各部署（経理、製造など）で求められる英語力にはどのような違いがあるでしょうか。

（3）パーソナリティを言語化する

適切な募集を行なうためには、スキルだけでなく人物面（パーソナリティやキャラクター）についての言語化も不可欠です。

世界中で今昔を問わず多くの求人票に書かれている「Team Player であること」という要件を例に見てみましょう。

一般的に、外資系企業におけるチームプレイと伝統的な日本企業におけるそれとでは大きく異なります。「違いがそれぞれにあるという前提のもとで、全体のパフォーマンスを最大化しよう」という外資系的な考え方に対して、日本のそれは「同質化」、すなわち個人の差を減らして皆の考え方を揃えて働くことであると解釈されがちです。そして具体的に掘り下げていくと、読者の皆さんが働くそれぞれの組織においても、「チームプレイ」が表す意味は微妙に異なるでしょう。

つまり、「Team Player であること」では人材要件を明確に表現したことにはならないのです。

逆に、抽象化しすぎることにも注意が必要です。私もかつて、あるドイツ系企業の日本でのスタートアップの社長から「スカイダイビングで恐れず飛び降りることができる人」と言われて戸惑ったことがあります。これはもちろんただ度胸が良い人を求めていたわけでもなければ、後先考えない向こう見ずな人が欲しかったわけでもありません。例えば空中に放り出されたとしても、周りで同じように地面を目指して浮遊している仲間を見つけて共に手をつないで無事着地することができるような人、という意味であり、それはすなわち、会社の大きなビジョンのもとに他セクションの人たちと積極的に共通の利益を作って自分のミッションを実現する上での協力者を見つけ、1＋1＝3の効果を出せる人、という意味です。

この社長さんは、残念ながら本国にいるボスと〝スカイダイビング〟の意味について十分なコミュニケーションが取れていなかったようで、しつこく質問する私に対して、「これは本国の指示なのでこうとしか言いようがない」と答えました。

海外事業要員を採用する際の要件の中にも、「海外駐在経験があること」「異文化コミュニケーションの能力があること」「オープン・マインドであること」といったビッグワードがたびたび出てきます。


募集段階では適切な候補者を集めるためには、求人票を適切に作成するスキルが欠かせません。思ったように候補者が集まらなかったり、本来求める人材とは異なる候補者が数多く集まったりすることは、間違いなく人材採用の遅れの原因となります。

募集・選考の場面で適切にマッチングを行なうため、また求人票を見た候補者が「自分のことだ」と認識し、応募意欲が掻き立てられるような、正確で具体的な要件とはどのようなものか、その例として、本章第1節に示した各社のインタビュー結果を改めてご覧ください。

問

貴社が従業員に求める「チームプレイ」とは、どのような場面でどのような行動をすることでしょうか。

問

貴社が求める「コミュニケーション能力が高い人」とは、具体的にどのようなコミュニケーションを行なうことができる人を指すでしょうか。

（４）カルチャーを言語化する

さて、採用する側が求める人材のパーソナリティを気にするように、求職者は自身が入職する組織のカルチャー（文化）に関心を持っています。それは単に、表面的な〝雰囲気〟やコミュニケーションスタイル、年齢や性別、中途入社者の割合といった属性ごとの構成比など個別の事象を指すのではなく、自身がストレスなく働き、存分にパフォーマンスすることができる環境にあるか、という総合的な視点と考えた方がよいでしょう。

「総合的」という言葉を使った理由は、それが歴史や成り立ち、パーパスや企業としての世界観、実際の従業員の姿とそれを生み出す人事制度とその運用、研究開発費や人材開発投資といった経営資源の配分など、様々なことが物語のように関連し合ってできるのが真のカルチャーだからです。

私の専門はあくまで採用であり、本書も組織論に関する書物ではありませんので、ここで言いたいことは、求人票上での「社風」に関する記述には細心の注意を払い、入念な言葉選びをするべきである、ということです。例えば、現在募集中の求人票に、「風通しがよい」、「アットホームな社風」、「実力主義で」といった文言は入っていないでしょうか。

書いてあること自体は決して悪いことではないかも知れませんが、受け手がそれを読んでどのような印象をもつかということについては、想像力をはたらかせる必要があります。

ひと昔前であれば、「アットホームな社風」という記載は、主観的で見る人によって受け取り方が異なるところはあるものの、雰囲気としては何となく働き易そうというポジティブな印象を万人に与えました。

もちろん、職場にそれを求めない人もいますが、書いてあったとしても特段〝害のない〟文言だったように思います。「風通しのよい」も同様です。

しかし、働くことや働き方に対する考え方が多様化した今日、以前のようにプラスに捉える人もいる一方、それをマイナスに捉えて忌避する人もいることを見落としてはなりません。

「アットホーム」という言葉に対しては、飲み会への半ば強制的な参加や、労働時間に対する考え方に公私の境目がない、という印象をもつ人がいます。実際にはそんなことはなくてもです。

また「風通しがよい」も、知られたくないような私生活までもが悪意なく筒抜けになりそう、という危惧につながりかねない表現です。

求人票には、職務内容や募集要件だけでなく、そこで得られる良質な従業員体験などの職場としての魅力は今や欠かせませんが、一方で、適切な表現を吟味することなく安易な言葉選びをしてしまうことで、ターゲットとなる人材からは見向きもされなくなる可能性があることをよく認識しておく必要があります。

第３節　面接をデザインする

言語化された要件を正しく求人票に記すことができたら、次のハードルは面接です。言語化した「求める人物像」に当てはまる人物かどうかを、実際の仕事の場面ではなく面接の場で確かめること、すなわち質問によって確かめることは簡単ではありません。

世の中には、「上手な採用面接」「採用面接で面接官が訊くべき20の質問」といった一般的な面接のコツが書かれた書籍やウェブサイトが無数にあります。筆者の多くは長年面接官としての経験を積んだ人事のプロや、数多くの採用面接の場に立ち会ってきた人材コンサルタント、或いは心理学やＨＲＭの理論をもとに科学的に設計された面接スキームが定着した外資系企業の人事経験者です。

これらに書かれてあることは大抵似通っていますが、それは、論理性や思考力といった基礎能力を測ったり、性質や志向性を確かめるための質問には、筆者らが積み重ねてきた膨大な量の経験値から導き出された決まったセオリーがあるということです。

一方、私はこれまで社内外で数多くの面接に立ち会ってきましたが、「そんなことを訊いても仕方がないのに」と感じる質問がなされることはよくあります。「質問をするからにはその人なりの目的があるのだから仕方がないことはない」との反論も聞こえてきそうですが、なぜ私が「仕方がない」と断じるのかというと、面接後のフィードバックからはその質問に対する答から何を判断したのかが見えてこないからです。

そのような質問をしてしまう原因は、恐らく何を訊けばよいかが分からないからで、更には何を訊けばよいか分かっていないことを分かっていない（自覚していない）場合もあります。

読者の皆さんが人事部におられるとして、一次面接を行ない、「この人なら」と評価した候補者を採用部門の責任者の面接（二次面接）に進めた場面を想像してみて下さい。もしその二次面接官が「何を訊けばよいか分かっていないことを分かっていない人」だとしたらどのようなことが起こるでしょうか。

私の経験では、大抵の場合は既存のメンバーと似たような性質や価値観の人は合格、それ以外の人は不合格となります。

それは、有効な質問ができなければ合理的な判断を行なうことができず、感覚値で合否判断を行なわざるを得ないからです。そしてそれを繰り返すことで組織は同質化していきます。逆に、感覚値で既存メンバーと異なるタイプの人を敢えて選んだとしたら、その結果は混乱しか招きません。

それでは、採用面接に不慣れな部門長に対して前述のような書籍を読ませたらよいのかというと、話はそんなに単純ではありません。これらの書籍の多くは、基礎能力重視で新卒学生や若手人材の採用を行なう場合や、要件の一つとしての「論理的思考力の高さ」を測る場合に大いに参考になります。また、採用の最低基準を満たす人を見極めるため、言わば〝採ってはいけない人〟を見極めるための質問の仕方を学ぶ上でも有益です。

しかし残念ながら、前節までに述べてきた人物かどうかを見極める力は身に付きません。自分たちで定義した「求める人物像」を満たす人かどうかを見極めるための質問は、自分たちで考えるほかないのです。

このことを、本章第1節に記した「海外事業要員の要件」を例に考えていきます。

要件①「技術力・現場力」については採用部門の責任者であれば適切な判断基準を有していると考えられます

が、「現地事情を受容し現地人材の自主性を促す指導ができる」（E社）や、「言われた事をこなすのではなく自ら課題を解決したり提案できる」（F社）、「少々のことには動じない胆力」（A社）、というような能力、特性の有無を見極めるにはどのような面接をすればよいのでしょうか。

「あなたには胆力がありますか？」と尋ねても判るはずがありませんし、「現地人材の自主性を引き出せた成功事例を話してください」と促したところで、そのような経験をする機会がなかった人もいるでしょう。これらの要件はいずれもそれぞれの会社が定義した要件ですから、残念ながら第三者である私がその正解を示すことはできませんが、E社の「現地事情を～」を例に、ひとつの考え方を示します。

まず、この要件には大きく三つの要素が含まれます。それは次の三つです。

（ⅰ）海外現地事情に対する体験値
（ⅱ）受容性
（ⅲ）自主性を促す指導力

分解したことで、抽象度が高まったことに気付いていただけると思います。そして抽象度が高まったということは、その人の経験にある、前勤務先（＝具体）の特定の国（＝具体）の現地法人におけるその場の状況（＝具体）で発揮された、いわば「専用スキル」の有無ではなく、「汎用スキル」の高低を判定する質問を考える作業へと転換することができたということです。すなわち、前述の書籍やウェブサイトに書かれたコツをいかんなく活用することができるということです。

もう少し具体的に考えてみましょう。

「海外現地事情に対する体験値」は、海外赴任や海外出張時に加え、仕事以外での海外への興味を尋ねることである程度判ります。単純に海外のことに興味がある人は、仕事以外でも積極的に海外に出かけます。それも先進国ではなく途上国を好んだり、次々と違う国へ行ったり、そこで起こった想定外の出来事を面白おかしく話してくれます。また仕事で海外赴任をした際も、敢えてオフィスに近い中心部ではなく郊外に住んだりする人もいます。そういう経験を聞き出すには、かしこまった質問をするというよりは面接の冒頭でアイスブレイクを装って尋ねるとよいでしょう。

また「受容性」はスキルというより性質、人柄です。人柄は測るというより感じるものです。そしてそれは1人ではなく複数人が感じた印象で判断する方がより正確です。それも、1次、2次、3次とそれぞれが個別に感じるよりも、同じ場面で3人が同時に感じた感覚を議論する方が、さらには複数名で候補者を囲んで集団コミュニケーションを行なう方が、より正確にその人の人柄を感じることができます。問題はそのような環境をいかに作るか、ですが、例えば1次面接の場で一通りの質問のやりとりを終えた後、「一緒に働くことになるかも知れない部署のメンバーを紹介しておく」という目的を伝えて数名のメンバーで囲むという場を作ってもよいでしょう。ちなみに昨年、私が私の部署のメンバーの中途採用を行なった際にこの手法を用いたところ、その候補者を囲んだメンバーは皆、彼女の人柄に加えて私との相性までを含めて大絶賛し、ぜひ採用するべきだと強く意思決定を後押ししてくれました。もちろん彼女は今、私のもとで面接で見込んだ特性を、期待した水準以上に発揮してくれています。

一方、人柄は適性検査によって〝測る（定量化する）〟ことが可能です。その場合は、面接によって感じた感覚を検証する、という使い方がよいでしょう。面接で感じた感覚がその候補者の性格特性として定量的に表れていたら安心です。それは、仲間として迎え入れる際に、予めその人の弱点を認識した上で関係をスタートできるという意味です。自身も含めて、弱点や欠点のない人はいません。大事なことはそれを事前に知り、対策や工夫をしたり補い合ったりすることです。

逆に感覚とは異なる数値が現れていたら、その人には二面性があるか、面接時にパフォーマンスによって作られた人格が演じられていた可能性があります。

最後に、「自主性を促す指導力」についてですが、これは先の「受容性」と同様、海外か国内かに関係なく発揮される、その人のマネジメントスタイルです。よって、海外での事例に限らず話してもらうとよいでしょう。海外駐在要員としてその経験者を採用するとしたら、それは即ち国内でも管理職として結果を出した人であるはずなので、その経験を掘り下げるのです。部下の自主性をうまく引き出して成果を上げた経験の有無を尋ね、もし「ある」という答が返ってきたらその経験について「行動面接」によって掘り下げるとよいでしょう。行動面接は、過去の行動を通じて応募者の価値観や性格、思考パターンを見極める質問技法で、質問の掘り下げ方として「ＳＴＡＲ」というワードが用いられることが一般的です。ＳＴＡＲとは次の四つの単語の頭文字です。

Ｓ(Situation)：過去の状況・問題について
Ｔ(Task)：何が課題であったか
Ａ(Action)：解決のために取った行動
Ｒ(Result)：行動の結果

この面接技法は、実際にやってみると頭で理解する以上に難しく、適切な質問を繰り出せるようになるには訓練が必要ですが、採用のプロを目指すならば絶対に身に付けておくとよいスキルであると言えます。決して人事が専門ではない採用部門の責任者がこの技法に不慣れな場合、その面接に同席して貴方がその面接官のかわりに質問をしてもよいでしょう。

ここまでの話から、適切な面接を行なうためには相応の準備と工夫が必要であることをご理解いただけたと思います。中には、「そこまでの手間はかけられない」と感じた方もおられるでしょう。しかし選考段階での非効率は、「採用が間に合わない」ことの大きな原因の一つです。面接が上手くできなかったばかりに明確な判断基準を見出すことができず、採用内定を躊躇しているうちに候補者が別の企業に入社を決めてしまうことや、判断できないために当初の予定回数を超えて何回も呼び出されてしまい候補者が辟易としてしまうケースを私は何度もみてきました。読者の皆さまは、ぜひこの機会に自社で設けた採用要件の中で、面接では確かめにくいものはどれか、またそれを確かめるためにどのような質問や形式が有効か、考えてみてください。

問

自社で定めた要件の中で、面接で確かめるのが難しいのはどの要件ですか？

問　そのことを面接の場で確かめるにはどのような質問・方法が有効ですか？

本節の最後に、コロナ禍を経てすっかり一般的となった「リモート面接」についても触れておきます。

それまでも、遠隔地や海外に住む候補者との面接を行なう際に、Skype（スカイプ）などを用いたリモート面接は行なわれていましたが、それが一気に拡がったのはコロナ禍に伴う行動制限によってです。

私の実感値では、２０２１年時点で7～8割の企業がホワイトカラーの中途採用においてオンライン面接を行なっていました。地域間移動や各種行動の制限が緩和されていく中でもリモート面接を行なう企業は減ることはなく、時間や場所の制約を受け難く効率的に選考（転職）活動を行なうことができるリモート面接は、恐らくは今後も続けられるでしょう。

このように、今や当たり前になったリモート面接ですが、お取引先企業から「面接は対面で行なうのがよいのかオンラインがいいのか？」という質問をよくお受けします。

オンライン面接のメリット・デメリットといった分析は既に巷に溢れていますので、私は敢えて、最も重視（意識）すべきことは『候補者体験（Candidate Experience）』ではないかとお答えしています。

すなわち、オンラインか対面かということが問題なのではなく、候補者がその場にどんな〝意味（意義）〟を感じるかということこそが重要だということです。

対面＝会社の雰囲気が伝わる、という思い込みも危険です。会社（職場）によっては、オンラインでメンバー同士が生き生きと働いている雰囲気こそが見てもらうべき〝雰囲気〟であることもあり、その場合は実際にオンラインの特性を活かして多くの同僚がその場に会する方が〝雰囲気〟が伝わりますし、実際にそうしてチームメンバーが選考や魅力付けに関わっている会社もあります。

逆に、先進的な工場や生産設備、心地よいワークスペースをセールスポイントにする場合には、それを伝える最も確実な方法は実際に足を運んでもらうことです。それ以外の場合も、候補者と絶対に直接顔を合わせておきたい、ということであれば、いかにその候補者に「来てよかった（＝意味があった）」と感じさせるメニューを用意するかを考えてみるべきではないでしょうか。

面接に限らず、コロナ禍の収束に伴いオンラインとオフラインの併用が可能になったことで、私たちはそれぞれの意味についてより考えるようになりました。在宅の方が仕事の能率が上がるということに気付いてしまった中で、オフィスに出勤する（させる）としたらそれは何故なのか。その〝意味〟について深く考えているのはどちらかというと出勤させる側よりも〝する側〟です。

面接においても、「直接顔を合わせておくに越したことはないから（＝ただ何となく）」という浅慮が候補者に透けて見えたとき、それは決してよい印象には繋がらないでしょう。

問

貴社で、候補者が面接のために来社したからこそ得られる体験とは何ですか？

第４節　海外駐在要員に求められる役割・資質の変化

90年の歴史を刻んできた日本のプロ野球。これまで何回かの転換点がありましたが、その中のひとつに、今日ではすっかり当たり前になった「投手の分業制」の原型ともいうべき、〝抑え投手〟の出現があります。

そしてその象徴は江夏豊投手。阪神タイガース（１９６７～１９７５年に在籍）で球界屈指の速球投手として活躍した江夏氏は、キャリアの後半にさしかかった時に、移籍先である南海ホークス在籍2年目（１９７７年）に、師である故野村克也氏の「野球に革命を起こそう」の一言をきっかけに抑えピッチャーとして文字通り革命的な転身を遂げます。[11]

過去には、先発して9回を投げ切る体力がなくなったベテラン投手が抑えに起用されることが多かったものの、最近ではキャリアに関係なく、より適性に忠実な人選が行なわれ、読売ジャイアンツの翁田大勢投手（登録名は「大勢」）のように新人として入団早々抑えのエースに定着することも珍しくなくなりました。

サッカーが好きな方は、試合途中の選手交代をイメージすると解り易いでしょう。戦況や相手チームの戦術変更に対応し、残り時間を勝ち切るために、敢えて同じポジション（ＦＷ、ＭＦ、ＤＦ）でもタイプの異なる選手を投入することはよくあることです。

さて、企業が海外駐在員を派遣する際にも〝先発〟や〝抑え〟といった役割を明確にしたり、またそれぞれ

11　日本経済新聞、２０１７年12月23日、「私の履歴書／江夏豊(22)」

の状況や方針に応じてタイプの異なる駐在員を派遣することが必要な場合があります。

市場調査や法人設立にはじまり、工場建設やオフィスの選定、ナショナルスタッフを雇用して教育をしながら自ら販路の開拓をするなど、時に専門外の分野にまで大車輪のはたらきでスピーディに現地ビジネスを立ち上げる〝先発ピッチャー〟（立上げ担当者）に選ばれるのは、一般的には社内で誰より仕事ができて心身ともにタフな、そしてリーダーシップに溢れたエース級の人材です。

実務能力のほか問題解決能力にも長け、大抵の問題は自らハンズオンで解決することでナショナルスタッフの尊敬を集め、求心力の強いトップダウン型の組織を作り上げていきます。

一方で、事業や組織の「現地化」を進めていく段階においては、ナショナルスタッフの自主性を引き出し、権限委譲を進めていくことや、それに伴い日本人駐在員や日本本社の役割を、「統率」から「支援」へと変えていくことが必要な場合があります。その「権限移譲」や「育成・指導」に求められる能力は必ずしも〝先発投手〟に求められるそれとは異なります。

２０１７年に私がアジアに赴任している邦人駐在員に対して実施したアンケートでは、現在行なっているマネジメントと、今後必要となるマネジメントスタイルとが必ずしも一致しないことが判りました。

日本本社は、海外子会社の課題や展望に応じて、相応しいマネジメントを得意とする駐在員を派遣する必要があるのです。巷間で叫ばれる「グローバル人材育成」を更にもう一段掘り下げ、有望なナショナルスタッフを見出し、根気強く育てて徐々に仕事や権限を委譲することができる、即ち、経営現地化に適したマネジメントを得意とする駐在員を〝抑え投手〟として準備（育成、採用）することが求められているのです。

■参考：日本人駐在員のマネジメントスタイル（２０１７年の調査結果より）[12]

一般的に、「有事のリーダーと平時のリーダー」という表現がある通り、組織においてはそのライフサイクルや時々の事情、課題によって、トップはマネジメントスタイルを変える必要があります。

２０１７年に私が実施したアンケート調査では次々頁（図表2-4）に示した設問を設けて、駐在員の自己評価による「強み・弱み」と、組織の「これまでと今後」に照らした望ましいマネジメントスタイルについて尋ねました。科学的なアセスメントではなく、また回答者の立場（役職やボードメンバーの陣容）にもバラつきがあるため、あくまでも印象値の域を出ませんが、そこには興味深い傾向が現れました。

> 自身の強み：　①指示命令、②理念・ビジョンの設定と浸透
> 自身の弱み：　①権限移譲、②育成・指導
> これまで重要だったこと：　①指示命令、②理念・ビジョンの設定と浸透
> 今後重要になること：　①育成・指導、②権限移譲
>
> （ｎ＝８５０名）

次々頁のレーダーチャート（図表2-5）は、アンケートに回答した駐在員自身が認識するマネジメント上の強みと、①これまで重要だったこと（左のチャート）、②今後重要となること（右のチャート）とを対比したものです。

12　ジェイ　エイ　シー　リクルートメント、２０１７年12月、『グローバル人材戦略レポート２０１８』

両方のチャートに表れている通り、駐在員自身が認識するマネジメント上の強みでは「指示命令」（21・4％）、「理念・ビジョンの策定と浸透」（20・1％）という回答が上位となりました（有効回答n＝850件）。

MD（Managing Director、社長）、総経理というトップマネジメントに絞って集計してみても、順位は入れ替わるものの「理念・ビジョンの～」（21・2％）、「指示命令」（20・5％）が上位であることは同じです。

また、マネジメント上で「これまで重要であったこと」を問う設問に対しては、「指示命令」が27・2％と他を大きく引き離していますが、レーダーチャート（左）の形状は非常に似通っています。回答各社には進出時期や人員構成、経営課題などに大きなバラつきがあるとはいえ、「これまでの自拠点の状況や課題に照らし、自身の得意とするマネジメントスタイルは適していた」と肯定していることが感じ取れます。

一方、「自身の強み」と「今後重要なこと」を対比した右のチャートを見てみると、その形状に大きな違いがあることが判ります。即ち、「育成指導」（28・8％）、「権限委譲」（24・5％）という自らが得意としないスタイルでマネジメントを行なうことが今後必要になってくることを自覚しているのです（「理念・ビジョンの～」（27・8％）は今後も重要）。

特に「権限委譲」は、自身にとって「比較的苦手」なことであるとする人が33・4％と最も多く、もし事実だとするとそれが経営現地化に対する大きな妨げになる恐れがあります。更に、「育成指導」は、現地人幹部も弱いところ（※同じアンケートで回答者である駐在員が評価）であり、これも経営現地化を担う幹部人材育成の妨げとなる可能性があります。

これ以上の分析は、アセスメントや組織コンサルティングのプロにそれを譲りますが、日本本社としては以下の点に対する検証・考慮が必要ではないでしょうか。

① 各海外子会社には、その発展段階や課題・展望に応じた適任者を派遣しているか（駐在員の〝タイプ〟）

② 現地の中核人材や幹部候補人材の育成は適切に行なわれているか、本社が行なうべき支援は何か

①については、立ち上げを行なった駐在員がその後も長期間にわたって赴任し続けている拠点で特に注意が必要です。仕事が速く、あらゆることにマルチに対応できて、体力・気力ともに充実した〝スーパーマン〟のような人は、ついつい問題が起きた時に「自分がやったほうが速く、うまくいく」という意識で仕事をしてしまいがちです。

一方、権限委譲が得意な人は、「任せて我慢強く待つ」というスタイルの人です。ただ単に「おおらかな人柄」であることとは別

■マネジメント上の強み（自身）	■比較的苦手なこと（自身）	■これまで重要だったこと	■これから重要になること
□ 理念・ビジョンの策定と浸透	□ 理念・ビジョンの策定と浸透	□ 理念・ビジョンの策定と浸透	□ 理念・ビジョンの策定と浸透
□ 指示・命令	□ 指示・命令	□ 指示・命令	□ 指示・命令
□ 率先垂範	□ 率先垂範	□ 率先垂範	□ 率先垂範
□ 関係性・風土醸成	□ 関係性・風土醸成	□ 関係性・風土醸成	□ 関係性・風土醸成
□ 問題解決	□ 問題解決	□ 問題解決	□ 問題解決
□ 権限委譲	□ 権限委譲	□ 権限委譲	□ 権限委譲
□ 育成・指導	□ 育成・指導	□ 育成・指導	□ 育成・指導

〔図表２－４〕設問と選択肢

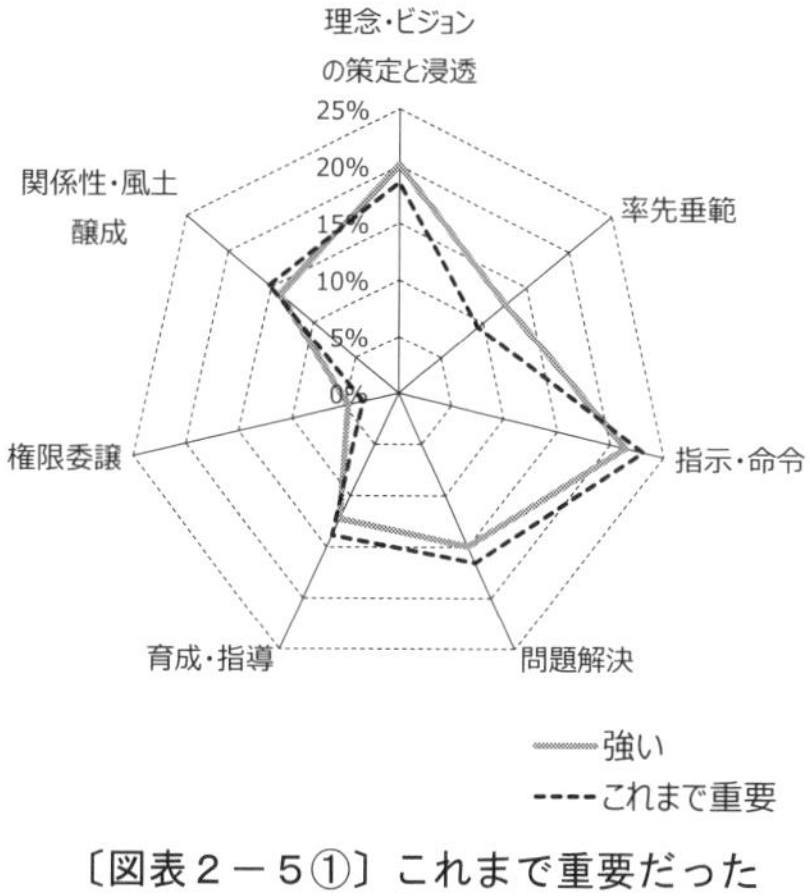

〔図表２－５①〕これまで重要だったこと※駐在員の〝強み〟との対比

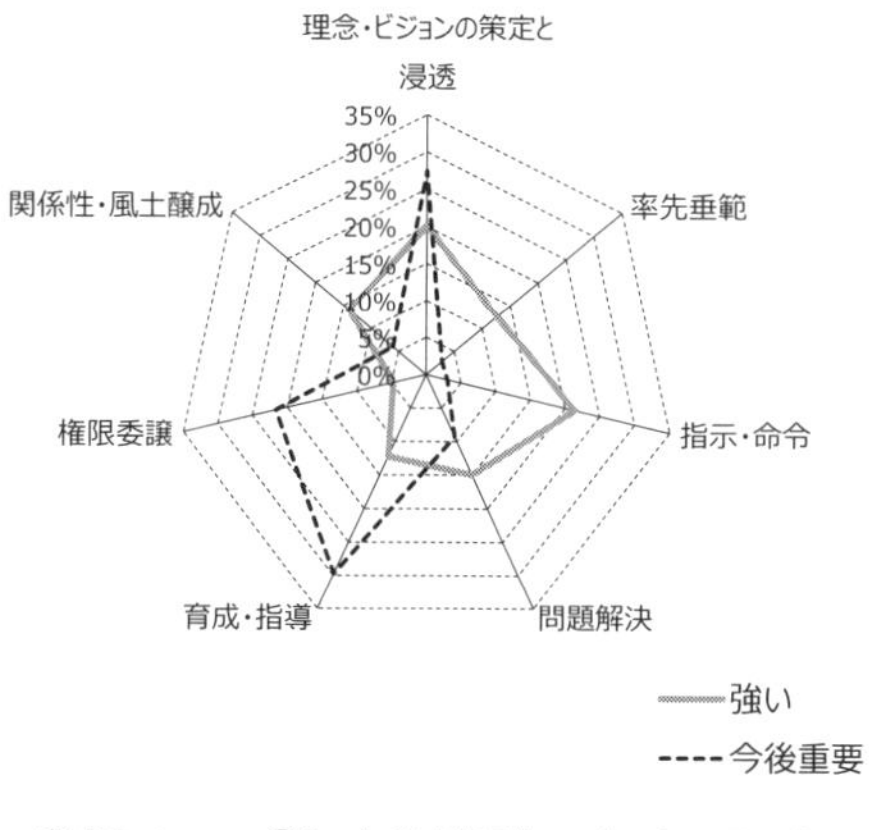

〔図表２－５②〕今後重要なこと（　同　）

に、「業務の分解」や「役割分担」が適切にでき、それぞれのゴールを明確に伝えた上で、都度の進捗を可視化するスキルに長けた人です（どちらのタイプが優秀かという議論ではありません）。

また②は、教育研修プログラムやその運用方法といったハード面に対する知見に加え、そもそもの企画段階で海外市場や異文化に対する本社人材開発部門の理解度が問われます。

問

貴社の海外駐在員候補の中で〝抑え投手〟の適性をもつ人は誰でしょうか。

本章の最後に、足元で起こっている大きな変化について述べます。それは、コロナ禍による生産活動の制限や、輸送費や資材コストの高騰、地政学リスクの高まりなどによって製造業の国内回帰が進んでいることです。

2023年2月2日の日本経済新聞は、日本の製造業で国内の設備投資が緩やかに進行しているのに対して、海外設備投資は頭打ちしているというデータをもとに国内回帰の進行を伝えるとともに、2022年からの急激な円安の進行に伴う海外生産のコスト上昇を背景に、その傾向がさらに進むと予測しています。

一方で外資系企業が日本国内に生産拠点を設ける動きも活発化しています。主な理由は新興国の賃金上昇に伴い、日本の労働力が割安で良質な労働力と評価されるようになっているからです。

２０２２年12月の有効求人倍率は1・35倍。[13] 特に製造業が集積する中部地方や中国地方では、岐阜県で1・75倍、山口県で1・78倍とより高いことから、近年の恒常的な問題である〝人手不足〟が、今後なお一層地域の深刻な問題となりそうです。

それに対し、少子化・高齢化対策として進められてきた技能実習生や特定技能者の受け入れも難航が予想されます。日本同様に労働力不足が深刻な世界の国々でも新興国からの出稼ぎ労働者が積極的に雇用されており、各国の賃金相場は上昇していることから、最低賃金並みの報酬しか支給されない日本の技能実習より、オーストラリアやドイツ、韓国などの国に出稼ぎに行くことで、その何倍もの報酬を得ることができるのです。外国人材の日本離れの原因は急激な円安による実質所得の減少だとする声が目立ちますが、為替変動による一時的な問題と言うよりはむしろ構造的な問題と言えます。

これまで新興国で年々急激に賃金が上昇する現地人材の獲得に苦労してきた製造業各社は、今はそれに加えて国内の労働力をめぐって外資系企業と獲得競争を行ないながら、さらには海外の労働力の誘致を巡って世界中の産業と戦っていると言っても過言ではありません。

国内において、資金力豊かな外資系企業は地域の相場を超える賃金を支給しており、国内企業はそれに追随せざるを得ない状況です。一方で、労働力を繋ぎ留めるのは決して賃金だけではありません。当社の取引先企業の中には、日本での実習期間を終えて帰国するインドネシア人実習生のほとんどが、帰国後も引き続き母国の現地法人での就労を希望するような企業があります。その企業では、技能と日本語力に加えて社内人脈を身

13　厚生労働省ホームページ、『一般職業紹介状況（令和4年12月分及び令和4年分）』

に付けたナショナルスタッフを安定継続的に確保し続ける人材のパイプラインが出来上がっているのです。これはひとえに長年実習生を受け入れ続けてきた社長や、インドネシア現地法人から帰任した日本人駐在員を中心とした、組織としての国際理解の賜物です。

ジャパン・アズ・ナンバーワンというゆがんだ自画像のもと、最低賃金でも喜んで来るはず（べき）というバランスを欠いた姿勢とグローバルの労働市場に対する不理解によって、「選ばれる会社」となる努力を怠ることは、国内回帰どころか事業そのものの衰退に繋がりかねません。

リモートコミュニケーションの普及によって海外拠点との接触頻度が増加している今日において、国際社会における日本や日本企業の正確な立ち位置を、肌感覚として日本本社にフィードバックし続けることこそが海外駐在員の重要な役割なのであり、ローテーションによって次々とその派遣を続けることの意義なのではないでしょうか。

生産の国内回帰は、グローバル化の後退などではなく、新たな、より激しい国際競争の始まりなのです。

第3章　必要な人材をどのように確保するか

＜第3章の論旨＞

- 海外事業の中核を担う人材の確保は、「育成（Make）か採用（Buy）か」のどちらか片方ではなく、計画的に双方を並行して進めることで盤石なパイプラインを作る
- 英語（外国語）能力については、より実務の発揮場面に即した要件を定義し、募集や育成に臨む（能力試験のスコアや検定合格を目的化しない）
- 海外事業要員に、外国人材や海外現地雇用邦人をうまく組み込む
- 人材確保を妨げるカベを知り、自社の課題を明確にした上で対策を講じる

前章では、海外事業要員確保に積極的な10社の事例をもとに、海外事業要員の役割や要件について考察しました。ほとんどの企業が、社内外からそのような人材を確保することの難しさを認識した上で、それぞれに海外事業要員確保の努力や工夫を行なっていることも見てきました。

この海外駐在員の役割やその確保の課題や重要性については、大阪経済大学教授の高瑞紅《こうずいこう》氏が、その論文

「海外駐在員の役割と課題」（２０１５年）[14]で、先行研究を丹念に遡って論点を整理しています。

高氏の主張は、規模の大小にかかわらず企業の海外展開に伴って大きな課題となっているのは駐在員人材の育成であり、海外勤務以外の方法で海外勤務のことを学ぶのは不可能であることから、「海外勤務の経験者を創出する派遣の仕組みの構築が喫緊の課題である」というものです。

本章では、各論としての人材確保策について事例をもとに検討するとともに、高氏の言う「海外勤務の経験者を創出する派遣の仕組みの構築」とは現実的に何をすることなのか、考えてみたいと思います。

第１節　人材確保は Make ＆ Buy

人材確保の方法論は、大きく「Make or Buy」、すなわち Make（育成・教育）か Buy（採用）かに分かれます。風土や文化への適応性や内部特殊能力を重視する企業では「できるだけ内部の人材を育成することによって」と考えられがちである一方、労働市場の流動性が高まると企業にとって育成するインセンティブがなくなり、「他社が育てた人材を引き抜いた方が得」といった割り切った考え方の企業もあります。また変化のスピードが速く不確実性が高い環境下では、必要な人材をタイムリーに確保するためには、必然的に Buy の割合が増える

14　高瑞紅、２０１５年９月、「海外駐在員の役割と課題―先行研究の検討―」（『経済理論』３８１号）

という考え方もあります。

しかし、人材獲得を計画通りに進められなかったために事業の計画に遅れが生じる可能性を考えた時、人事部が行なうべきことは「Make & Buy」だと言えます。

「うちは両方やっている」、「昔から人事部内には採用チームと教育チームの両方がある」。多くの読者がそのようにおっしゃると思いますが、ここで申し上げたいことは、将来の組織図上にある重要なポストに最適な人物を就かせることができるよう、両方を並行して進めるべきである、ということです。

海外事業要員の確保をテーマとする本書では、前章までで述べてきた「海外駐在要員」と、「仕事も英語もできる人材」の〝Make & Buy〟について考えてみます。

(1) スーパースターに代わりはいない

一部の大手グローバル企業を除き、多くの企業で海外駐在員の後任選びが難航するのは、先に述べた「仕事力と英語力のトレードオフ」のほかにも幾つかの原因があります。

その一つは、「現地駐在歴10年以上、現地事情に詳しく、ナショナルスタッフの人望も厚い大ベテラン」の存在です。海外ビジネスが、このような1人のスーパースターに依存して行なわれていることは、実は珍しくありません。しかし、そんなスーパースターも、必ず1年に一つずつ齢をとっていきます。個別に見ると、70歳を超えても40～50代並みの若々しさを維持している人もいますし、現地に生活基盤を築いてもはや帰国の必要がない人もいて、ほとんどの場合は「当面は大丈夫」と言えなくもない状況です。

しかし、どんなスーパースターにも残念ながら引退の時はやってきます。その後任を、日本本社から新たに派遣する駐在員とするか、現地の幹部人材とするかは別として、必ず言えることは、現任者が優秀であればあるほどその代わりが務まるような人はいないということです。そしてそういうスーパースターには必ずといっていいほど有能な腹心の部下がいます。普段、日本本社からは見え難いのですが、現地の事業や組織には欠かせない存在です。長く現任の駐在員に仕え、強い信頼関係で結ばれたこの人物は、時に他社から寄せられた厚遇の誘いには見向きもしなかったにもかかわらず、現任者の帰任や転職に伴って実にあっさりと辞めてしまうのです。

すなわち、その腹心が生み出していたアウトプットも含め、スーパースターと同水準のパフォーマンスを発揮できる人物など、そう簡単に見つかるものではありません。

現任者が特に飛び抜けたスーパースターでなくとも、任期が伸びれば伸びるほどその分スキルや実績は積み重ねられますので、理論的には、駐在員の任期をいたずらに延長することは後任探しをより難しくしてしまうということに変わりはありません。

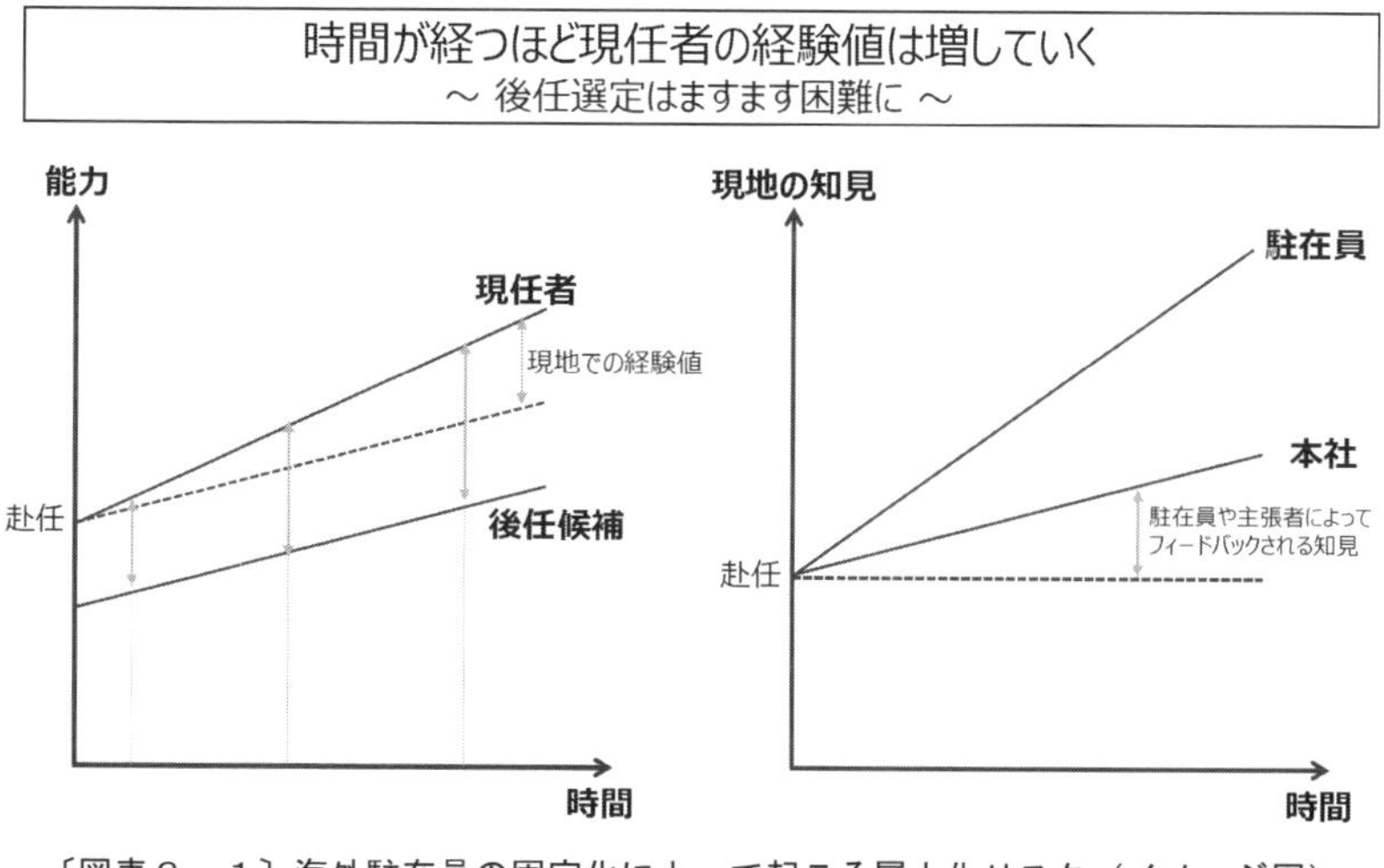

〔図表３－１〕海外駐在員の固定化によって起こる属人化リスク（イメージ図）

（２）人材のパイプラインを作る　～運用のサステイナビリティ

さて、前項を読んだ読者の皆さんからは、「理屈としては解るけど、現実問題として次々と適切な後任候補を用意することはできない」、そんな声が聞こえてきそうです。

実際の運用では、後任候補と見込んでいた人が家庭の都合で海外転勤ができなくなったり、後任不在が半ば強制的な経営現地化のきっかけとなり、プロモーションのチャンスを掴んだナショナルスタッフが予想を上回る活躍をしたり、そんな不確実性は人事には付き物です。しかし、本項ではもう少しだけ〝理想論〟にお付き合いいただきたいと思います。ただしこれからご紹介するモデルは、単に私の頭の中にある理想ではなく、数多くの海外駐在経験者や人事のプロと語らい続けてきた〝理想〟です（「そうは言っても現実は難しいんだけどね」、と前置きしつつも、多くの方々が語ってくれた内容が詰まったシンプルなモデルです）。

このモデルの根底にある考え方は、①日本本社の支援体

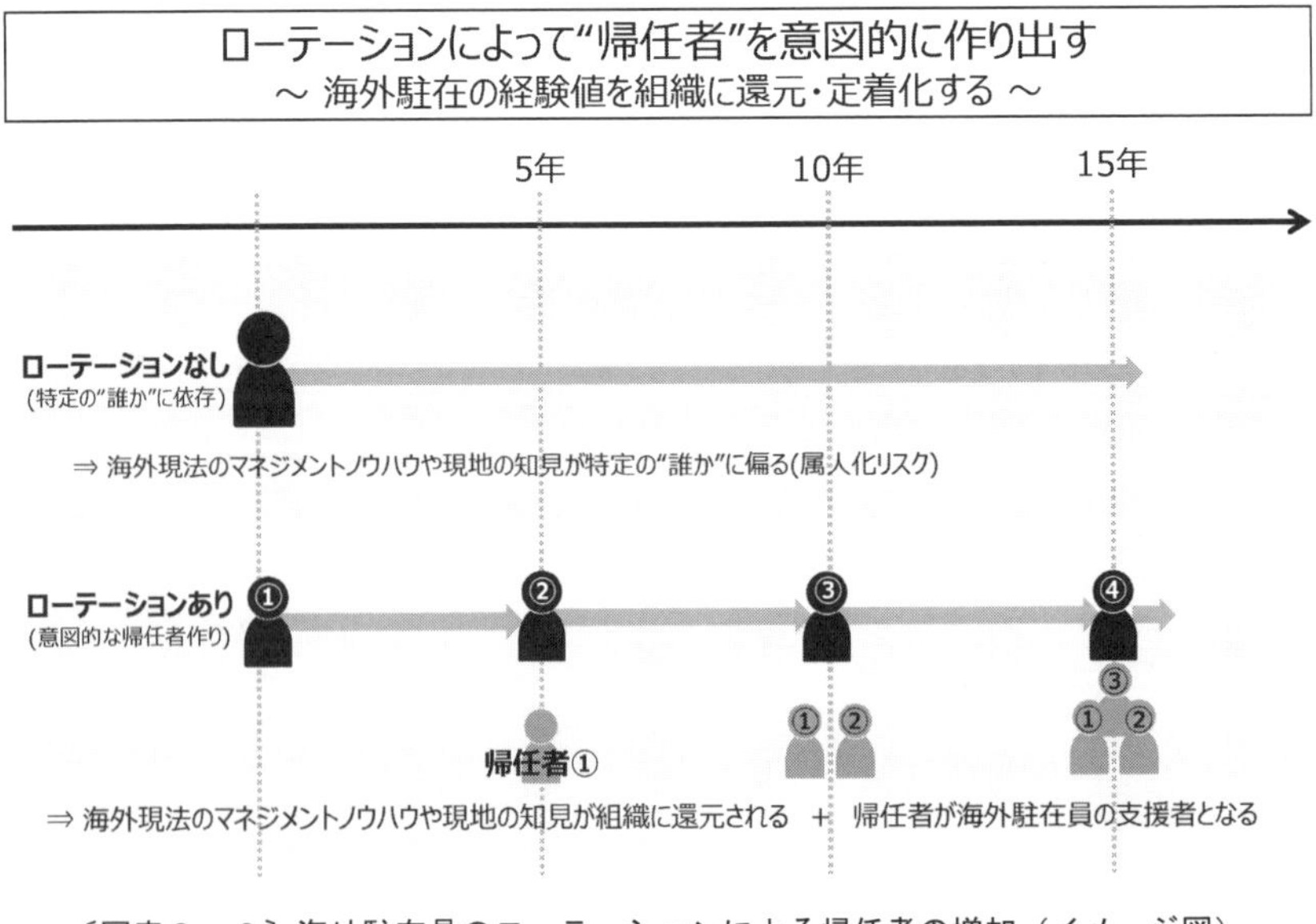

〔図表３－２〕海外駐在員のローテーションによる帰任者の増加（イメージ図）

制を強化することと、②そこで海外からの帰任者の知見を存分に活かす、ということです。誤解を恐れずに言えば、この支援体制が盤石であれば、多少は経験的、能力的に心許ない人物を派遣しても、日本からの支援によって最悪の事態を回避しつつ、その人物にかけがえのないタフなビジネス体験を積ませることができるのです。

そしてこのモデルの要諦は、意図的に帰任者を〝創っている〟ところにあります。

例えば現地拠点の立ち上げから10年、15年と社長を務め続けている〝先発投手〟というのは意外と多いものです。まさに任せて安心のスーパースターです。しかし、その国におけるマネジメントによって得られた知見は、その人だけに蓄積された状態になっています。

一方、もしその15年の間に、5年ごとに駐在員が交替していたとしたらどうでしょうか(「その例えをすること自体が非現実的だ」、とお叱りを受けることは承知の上です)。

5年後に1人、さらにその5年後にはもう1人、そして現地法人設立から15年目、4人目の駐在員が派遣された時には、日本

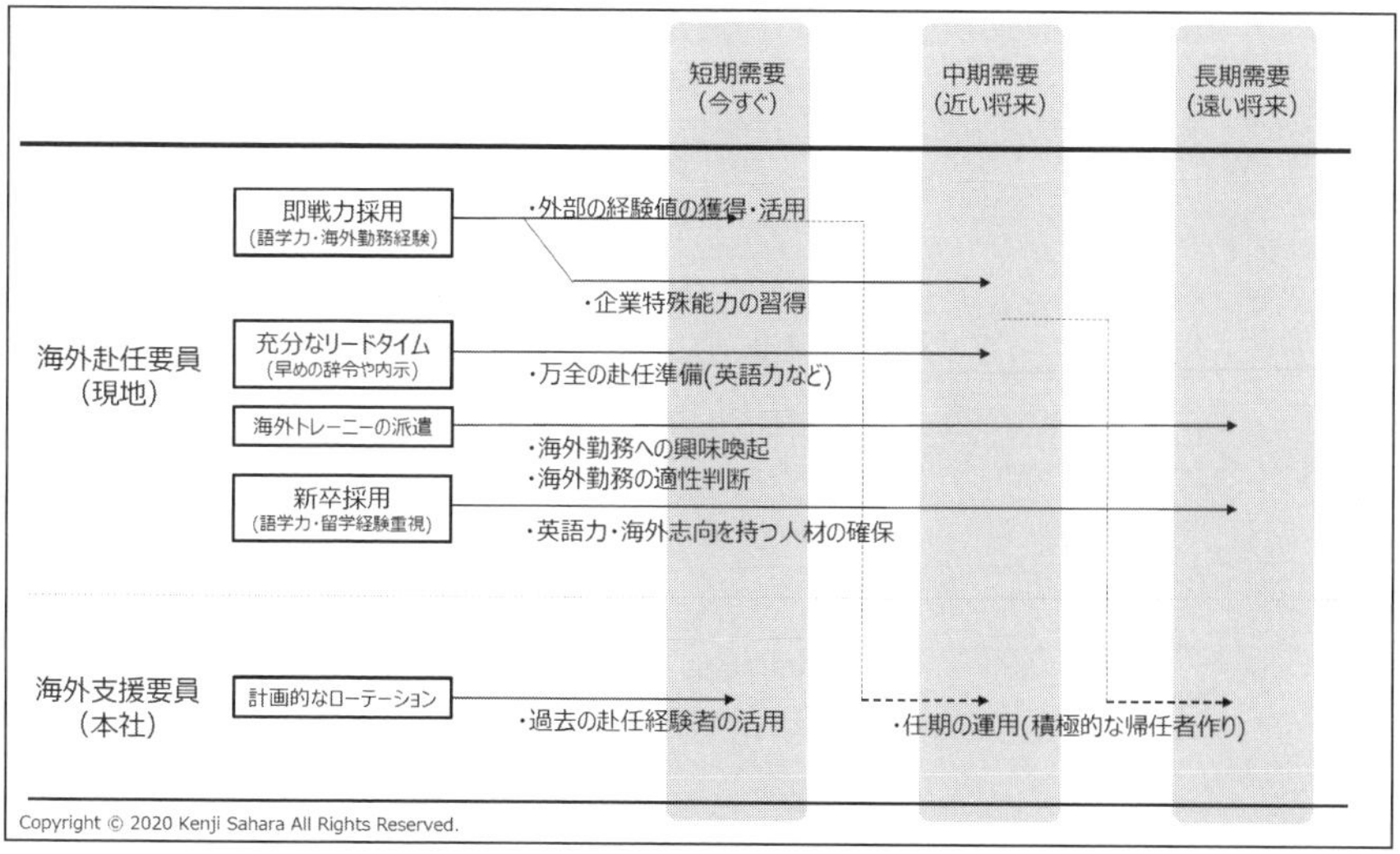

〔図表３－３〕海外駐在要因のパイプライン

本社に3人の駐在経験者が存在することになります。

この3人は、現地駐在員が困った時には相談に乗ることもできれば、時に抱える不安や不満を受け入れる緩衝材になることもできるでしょう。一方で、この3人は現地のナショナルスタッフにとっても、実務的かつ心理的なパイプとなります。こうした人と人との繋がりが強くなることは、ナショナルスタッフのエンゲージメントを高めたり、日本本社の従業員が海外に興味をもつきっかけになることもあることを見逃してはなりません。


そしてこのモデルのもう一つのポイントは、まさに〝Make & Buy〟になっているというところです。

もし仮に、現時点で後任候補が1人もいなかったとすれば、直近の交替のタイミングでは海外駐在経験者を外部から採用するのが現実的です。場合によって異なりますが、概ね、赴任の半年~2年前に採用できれば、日本で必要な実務知識や社内人脈を培うことができるのではないでしょうか。

一方、次の次、すなわち5~10年後に派遣する要員であれば、充分に既存の従業員の中から生み出すことが可能です。新たに管理職に登用した複数の候補者を競わせつつ英語教育を施したり、実務的な用件で現地に短期間の出張に行かせたり、場合によっては海外トレーニーとして数ヶ月間派遣して海外生活への適性や意欲を見極めるといったことも充分に可能です。

そして、さらにその次、10~15年後であれば、次の春に入社する新卒新入社員も充分にその候補になり得ます。海外留学やバックパッカーの経験を通して語学力や海外に対する強い関心を持つ学生は、新卒を募集する企業から人気の存在ですが、海外事業の展望や将来的に海外出張や海外駐在のチャンスがあることを明示して、海外事業に携わっているOB社員の力も活用しながら果敢に採用するのです。

問

貴社の新卒採用の場面で、海外に興味がある学生にアピールする材料にはどのようなものがあるでしょうか。

（3）英語教育は用途に応じて　～点数アップを目的化しない

「そんなことをしなくても、当社は管理職に対して英語教育をしているから大丈夫」とお感じの方もおられるでしょう。実際にそれで成果を上げている企業も数多く見てきましたし、企業による英語教育は活発化しています。

法人向けの英会話トレーニングのプログラムを提供するベンダーやプログラムの増加に加え、コロナ禍によってオンラインコミュニケーションが一気に普及したこと、またリモートワークによって通勤時間が短縮されて従業員に時間的余裕ができたことなど、様々な背景があります。また、海外渡航が制限され、海外の顧客や従業員とのコミュニケーションがオンラインに代替されたことにより、海外の管理、支援を行なう要員の英語力強化の必要性が改めて認識されたことなど、企業側で需要が顕在化、増加していることも大きな原因です。

一方で、経験者採用の現場から見た実感値としても、管理職登用の基準にＴＯＥＩＣのスコアなど英語力要件を設ける企業は一層増加しているように感じます。経営トップから従業員の英語力の底上げを命じられた人事部が、なかなか学習が進まない社内に範を示そうと、まず自分たちが率先してＴＯＥＩＣの目標スコアを公言して学習に取り組んでいる企業もありました。

さて、既に繰り返し述べてきた通り、従業員の英語力不足が海外事業展開の足かせとなっていることは事実ですが、それに対して「管理職以上」「TOEIC600点以上」という総花的な目標を設定するだけでは充分と言えません。

従業員の英語能力向上を図る上で重要なことは、「誰に、どのような場面で、どのレベルの英語力が求められているか」を踏み込んで把握することです。それを把握する際は、具体的に英語を用いるシーンを想定して、「読む」「聴く」「話す」「書く」といった4技能で把握するのが望ましいでしょう。

例えば、法務スタッフに求める英語力は、自社が不利にならない条項を正確に英文契約書上に表現することなのか、また利害関係者と丁々発止の交渉を英語で行なうことなのか。同じ法務の仕事の中でも、その人に期待する役割によって求める英語力は大きく異なります。

また、広報部門において、日本本社で制作した社内報を英訳して広く世界のグループ会社に展開する、といった役割には、社内の出来事のニュースを通して組織の風土や文化を伝えたり、実務のグッドプラクティスの背景にある従業員の仕事に対する思いが綴られた社内報を英文で正確に再現するという、極めて高い英語力が必要ですが、ここで求められるのは「書く力」なのであって、極論すれば「話す力」はなくてもよいのです。

技術者に求める英語力についても、単に図面に書いてあることや作業手順を教えるだけだから身振り手振りだけで充分、と軽視することは禁物です。図面に書いてあることは見れば解りますが、前章でご紹介したｈ氏（H社）が言うように、その設計の根底にある思想、すなわちユーザーの使い勝手への配慮や造形美へのこだわりに日本人独特のものがあるとしたら、その文化的背景を伝える必要がありますし、作業手順についてもそれは同様です。

第1章ではデジタル人材にも英語力が必要と述べましたが、役割によっては、たとえ流暢な会話ができなかったとしても文献を読み解く上での「読む力」さえあれば充分という場合もあります。

そして更に、日本人駐在員や日本本社の英語力不足に対して最もストレスを感じている現地子会社の幹部従業員の立場に立てば、ひょっとしたら最も英語ができるようになってほしい人物はトップである社長本人であるかも知れません。時折日本からやってくる本社の社長は、来ると必ず日本人駐在員と会議室にこもって、現地社員とは直接会話を交わすことなくいつのまにか帰国してしまう、というのは現地社員の不満の声としてしばしば聞かれることです。

現地子会社の方針や計画についてどれだけ現地のトップである日本人駐在員から聞かされていたとしても、本社のトップがやってきた時には、たとえたどたどしい英語であったとしても、改めて現地子会社への期待やグループにおける意義などを直接語りかけることで、現地従業員の意欲や忠誠心が一層高まることは間違いありません。

問

貴社で最も英語力を強化すべき部署・ポストはどこでしょうか。

コロナ禍を経て、各社のグローバルビジネスには様々な変化が見られます。新たな販路やサプライチェーンの開拓、M&Aや海外企業との連携が進み、国際コミュニケーションの機会は今後も増加を続けるでしょう。海外進出企業にとっての積年の課題である従業員に対する英語教育にもアップデートが求められることは間違いありませんが、個々の場面や部署などで必要な英語力を具体的に把握し、言語化することが、組織として過不足のない英語力を身に付けるために欠かせないことなのです。

第2節　各社が行なう Make と Buy

(1) 〝グローバル人材不足〟は解消の方向に　〜先行研究から

わが国において、「グローバル人材の不足」が問題として大きく取り上げられるようになったのは、企業の国際化の必要性が叫ばれ始めた1980年代からではないでしょうか。当時は、バブル景気と〝強い円〟によって企業の海外投資が急激に増加し、それに伴い〝世界をまたにかける商社マン〟に象徴されるような国際的な業務が脚光を浴びるようになりました。一方、バブル崩壊後の1990年代は、生産コスト抑制のためにNIEs(Newly Industrializing Economies)と呼ばれる新興国への生産シフトが行なわれます。その後、「世界の工場」と呼ばれた中国への進出ラッシュや、「China プラスワン」を合言葉とするＡＳＥＡＮ諸国への進出ラッシュ（２０１０年代）など、日本企業の海外展開は時代とともに変化し企業はグローバル経営の経験値を蓄積してきましたが、その３０～４０年間にわたって一向に解決されていないのが「グローバル人材不足」なのです。

しかし、近年の研究では、徐々にではありますがその解消を進める動きがあることが明らかにされており、その具体的な取り組みについても知ることができます。

日本経済団体連合会（経団連）が２０１５年に実施した「グローバル人材の育成・活用に向けて求められる取り組みに関するアンケート」[15]の結果によると、日本企業のグローバル化対応力の強化に向けた取り組みとしては、「外国語研修の機会を提供」（２１３社、６５％）と「若手社員を海外拠点や子会社などに短期・長期の研修・ＯＪＴに派遣」（２０６社、６３％）が多く、海外体験の付与が重視されていることが伺えます。また、グローバルに活躍することが期待される日本人人材採用のための取り組みについては、「通年採用、秋季入社、通年入社制度など採用活動の多様化」（１４７社、４８％）や「海外留学や、ギャップ・イヤー等を活用した多様な体験を積極的に評価」（１２６社、４１％）を挙げる企業が多数を占めました。

また、産業能率大学が２０１７年に実施した「次世代リーダー・グローバル人材の育成に関する実態調査」[16]においても、「若手社員を育成目的で、海外拠点に数ヶ月以上赴任させる制度がある」（３０％）、「英語能力試験の点数を昇進昇格の基準のひとつにしている」（１９・３％）、「正社員の採用基準に、語学力や海外経験などが盛

15　（一社）日本経済団体連合会、２０１５年３月、『「グローバル人材の育成・活用に向けて求められる取り組みに関するアンケート」主要結果』
16　産業能率大学、２０１７年３月、『「次世代リーダー・グローバル人材の育成に関する実態調査」報告サマリー』

り込まれている」(18・6%)といった取り組みが行なわれていることが判っています。

具体的なところでは、一般財団法人企業活力研究所(企活研)が発行した「企業におけるグローバル人材の育成確保のあり方に関する調査研究」(2013年)[17]は、400社の企業と、企業から派遣された駐在員としての海外勤務経験があるビジネスパーソン400名へのアンケート調査、9社に対するインタビューをもとに、国内各社におけるグローバル人材の要件や確保に向けた取り組み事例などについて明らかにしています。(表3-4参照)

17 (一財)企業活力研究所、2013年3月、『企業におけるグローバル人材の育成確保のあり方に関する調査研究報告書』

〔図表３－４〕グローバル人材確保に対する各社の取組み状況

※一般財団法人企業活力研究所(企活研)が発行した「企業におけるグローバル人材の育成確保のあり方に関する調査研究」に基き筆者作表

	取組みの要点
帝人株式会社	・グローバル経営を担うコア人財の早期選抜とOff-JT、戦略的配置、面接等を通した育成 ・若年層を対象とした海外での業務・異文化体験機会等の提供 ・企業理念の浸透にかかる取組み
トヨタ自動車株式会社	・「グローバル人材」の定義の明確化と、彼らが能力を発揮しやすい体制の構築 ・国籍を問わないグローバル経営人材登用の仕組みの構築 ・若手社員を対象とする海外での事業経験の提供
富士通株式会社	・外国籍人材の積極的採用 ・採用した外国籍人材の定着・活躍に向けた体制の構築と活動の展開 ・若手の日本人社員を対象とした異文化適応力醸成のための機会の提供 ・海外帰任者の経験を活かすキャリア形成(または戦略的活用・配置)を検討(今後)
三菱商事株式会社	・グローバル経営人材としての資質・能力を有した人材の登用 ・各階層に対するプログラムの提供 ・「場」の経験をとおした計画的キャリアパスプログラム ・現地の慣習等に適した経営ができるミドルマネジメント層の確保・育成(今後)
株式会社日立製作所	・グループ・グローバル共通の基盤の構築 ・地域戦略における人財プラットフォームの構築 ・留学生、海外人財、経験者など多様な人財の採用 ・グローバルリーダー育成プログラムの実施 ・若手人財を対象とした異文化理解プログラムの実施
キヤノン株式会社	・あらゆる階層・領域を対象とした意図的・計画的に『場』の経験の提供 ・グローバル人材育成にかかる課題の認識とそれに基づく研修の構築・提供 ・海外から外国人インターンを受け入れる(今後)
アステラス製薬株式会社	・グローバル人材を含む人材育成方針と体系整備 ・グルーバルな幹部社員を対象とした研修の提供
パナソニック株式会社	・グローバル化に応じた採用体制の構築 ・グローバル経営幹部の発掘・育成・登用に向けた仕組みの構築 ・若手を対象としたプログラムの提供 ・海外現地社員を対象としたプログラムの提供
株式会社イトーヨーカ堂	・中国における同社の事業展開の方針・状況と中国人社員の状況 ・中国人社員の育成確保に関する施策、人事管理

各社の取り組みは似通っており、概ね以下のように集約されます。

（A）若年層を対象とした海外での業務・異文化体験機会等の提供：
帝人、富士通、トヨタ、三菱商事、日立、キヤノン、パナソニック

（B）人材プラットフォーム（仕組み）の構築による早期選抜や育成プログラム等の実施：
帝人、トヨタ、日立、アステラス、パナソニック

（C）体系的な研修システムの構築・導入
帝人、三菱商事、日立、キヤノン、アステラス、パナソニック

（D）外国人材採用、国籍不問採用
トヨタ、富士通、日立、キヤノン

企活研は、「国内市場の拡大が予想し難い現状において、今後日本企業が発展していくためには、一層のグローバル展開を行ない、世界の需要を取り込むことが必要となっている」ことを前提として、新たなグローバル展開を図っていくためには日本企業の「発想、仕事の仕方、さらにはあるべき姿や組織風土まで立ち返ってどうあるべきか検討することが必要」であること、「そして新たなグローバル化を遂行していくためには、それを担える人材を若手の段階から育成し、大きな母集団を作るとともに、現地に根を張る事業展開を行なう上で中核を担う経営人材を育成確保していくことが緊急の課題である」としています。

またその上で、グローバル人材確保の具体的な手立てとして、若いうちから海外経験を積ませる「場」作りや、

ＯＦＦ-ＪＴによる研修の強化、採用の段階からグローバルな場で活躍する者を求めることを明確にして取り組むこと、グローバルな活躍に向けた人事制度の整備、などの重要性を提言してこの調査報告書を結んでいます。

しかし、事例として取り上げられた企業が日本の各産業を代表するような大手企業である点、すなわち、資金力やノウハウに恵まれた企業であるが故にできることと、そうでないこととは区別する必要があります。

よって次は、中小企業の事例や中小企業に関する先行研究にも目を向けてみます。大企業に比べて人的資源に乏しい中小企業にとって、より「グローバル人材」の確保と育成が解決困難な課題となっているであろうことは想像に難くありません。

井上（２０１５）[18]は、「海外事業展開先の経営を早期に安定させるように、工場の立ち上げ現地生産拠点の運営といった、海外展開に必要な知識や経験を豊富に持つ人材を現地に赴任させる必要がある」とした上で、「そうした人材は限られており、国内の人員体制が手薄になるなどの理由から海外赴任を命じることは難しいとする中小企業は多い」、「地方の中小企業の場合地元で働きたいと強く思う従業員が多く、海外勤務に前向きな人材を見出すことが難しい」と中小企業における海外事業要員確保の困難性を指摘しています。また、２００７年に実施した中小企業５０００社に対するアンケート調査から導出した事実をもとに、人材育成は中小企業にとって最も大きな課題であるにもかかわらず、７割の企業が計画的な人材育成を行なうことができていないこと、また売上・利益の増加が続いている企業であるほど「必要なときに必要な人材が得られない」という問題を抱えていることを併せて指摘しました。

18　井上忠、２０１５年３月、『中小企業の海外事業展開による人材確保・育成についての課題』（「商大ビジネスレビュー第４巻　第３号」）

海上（2018）[19]は、中小企業における人材育成策として効果が高いのは「技能向上や昇進のためのキャリアパスや成長モデル設定」、「計画的なジョブローテーションの実施」、「従業員1人ひとりの適性を踏まえた個人別育成プラン」であると導出しましたが、同時にこれらの施策は従業員数が少ない企業ほど実施していないことを明らかにしています。

また弘中・寺澤（2017）[20]は、「中小企業の中には、多くの社員に海外出張の経験を積ませたり、若いうちから海外に派遣することで言語の障壁と異文化の障壁を乗り越えようとしている事例も確かに存在し、今後に期待できる」としているもののそれは少数に過ぎないとしています。

このように、大企業に比べて様々な制約がある中小企業において、各社はどのようにグローバル人材確保を進めているのでしょうか。井上（2014）の言う「国内の人員体制が手薄になる」ことと、いかに折り合いをつけているのでしょうか、地方の中小企業が「見出すことが難しい」とする「海外勤務に前向きな人材」をいかに見出しているのでしょうか。また、海上（2018）の言う「計画的なジョブローテーションの実施」や、弘中・寺澤（2017）の言う「多くの社員に海外出張の経験を積ませたり、若いうちから海外に派遣」している企業では、どのような判断と計画によってそれを行ない、どのような成果を出しているのでしょうか。これらの問いが、私がインタビューを実施する上での問題関心でした。

19　海上泰生、2018年7月、『中小企業において順調な人材育成の実現を促す各種の要因と具体的な組織的取り組み』（「日本中小企業学会論集　第37号」）
20　弘中史子・寺澤朝子、2017年6月、『中小企業の海外生産と人材・組織力』（「彦根論叢　第412号」）

（２）インタビューを実施した10社に見るMake & Buyの実例

第2章では、インタビュー結果を各社ごとに紹介しましたが、ここではその中から「海外事業要員確保」の取り組みだけを抜き出します。その内容に従って大別すると次のようになります。

取組①　即戦力人材を外部市場から調達する（語学力や海外勤務経験を有する人材の経験者採用）

―現時点では比較的即戦力となりそうな人材を外部人材市場から調達している（A社）

―比較的即戦力性の高い人材を中途採用する（H社）

―海外とのやりとりを伴うような職務に就く人材は、予めビジネス英語の素養をもつ人材を外部採用する（J社）

取組②　計画的な採用を行なう（将来を見越して英語力や海外留学経験を有する人材を採用する）

―経営者の意向で早くからバイリンガル人材の採用、育成が行なわれている（C社）

―新卒採用では積極的に英語ができる人材を採用している（E社）

―「海外、英語にエッジを利かせた採用」（主に新卒採用）（G社）

―近年は、新卒採用で英語ができる人材を意図的に採用している（I社）

取組③　海外トレーニーを派遣する

―今後のグローバル人材需要の増加に対しては、海外トレーニーを積極的に派遣することで、計画的に内部

労働市場からの確保を進める（B社）
—今後は間接部門にも国際対応力を有する人材が必要なため、折に触れて海外出張の機会を与えていく（I社）

取組④　計画的なローテーションを行なう

—マネジメント適性を有する人材に海外経験を積ませることでグローバル人材に育てる（D社）
—欧米への派遣（技術研修）で海外耐性を身に着けた社員が、帰国後に再度マネジメントとして他国に赴任するようなサイクルが回っている。（E社）
—二段階の海外派遣による駐在員（現地トップ要員）の育成（G社）
—数は少ないが素養をもった人材を社内ローテーションによってグローバル人材に育てる（H社）
—各国にコーディネイターとして赴任している中堅クラスの人材は、将来の海外現地トップとして派遣される要員の準備要員（プール人材）という位置付け（E社）

取組⑤　派遣までに充分なリードタイムを設ける

—派遣に際しては充分な準備期間を与えて不足する能力の養成に充てる（D社）
—次課長クラスの人材の中から、マネジメントやコミュニケーションの能力を重視して一定数の次期派遣要員候補を見出した上、赴任前の半年～1年を「事業企画」という海外事業の管理をする部署に異動させ、赴任に際して不足する経験や情報を得させる（I社）

各社が取り組んでいることは、当座の需要を既存の数少ないグローバル人材でやりくりしながら、今後の要員については、まさに弘中・寺澤（２０１７）が言う通り、積極的に海外経験を積ませることで育成するということです。そして並行して新卒採用では積極的に英語のできる人材を採用し、将来に向けたグローバル人材の母集団（人材プール）形成を行なっています。

当座のやりくりにおいては、いずれも英語力などの面で不足感がある場合が多いのですが、D、I両社では、海外赴任の辞令を早めに交付することでリードタイムを充分に確保して、赴任に向けた能力（英語力）の育成を行なっています。

また海外赴任から帰国した帰任者は、再び派遣される候補者としても、本社からの海外支援要員としても貴重であることから、計画的なローテーションを行なうことで意図的に増やしているようです。

ここで問題となるのは、大企業と中小企業、すなわち各社の経営リソースの多寡とグローバル人材確保の取組みとの関係です。

一般的には、資金力やマンパワー、ノウハウに長じる大企業で、より充実した確保策が講じられているであろうことに疑いの余地はありません。しかし、10社のうちほとんどは①～⑤の複数の手立てを講じて海外事業要員確保に努めています。まさに弘中・寺澤（２０１７）が、「中小企業の中には、多くの社員に海外出張の経験を積ませたり、若いうちから海外に派遣することで言語の障壁と異文化の障壁を乗り越えようとしている事例も確かに存在し、今後に期待できる」とする通りです。

〔図表３－５〕海外事業要員確保の取組み

※網掛けは中小企業の事例

社名	分類	グローバル人材確保の課題と対策
A社	即戦力採用	-派遣に必要な能力を持つ人材の中で、「胆力」や「海外勤務の意向」を併せ持つ人物が少ない -海外派遣候補者はみな国内事業においても欠くべからざる人物であり、海外に赴任させると国内事業に支障が出る(人事のせめぎ合い) -よって現時点では比較的即戦力となりそうな人材を外部労働市場から調達している
B社	即戦力採用 海外トレーニー	-赴任要件(工場で管理職として実績を上げた、加えて海外勤務に意欲がある)を充たす候補者が社内に少ない -よって海外派遣要員の確保は必然的に外部労働市場から確保することになる -今後のグローバル人材需要の増加に対しては、海外トレーニーを積極的に派遣することで、計画的に内部労働市場からの確保を進める
C社	計画的な採用 外国人材採用	-経営者の意向で早くからバイリンガル人材の採用、育成が行なわれている -約 40 年前から外国人材の採用が行なわれている(外国人材採用は、海外にまで出向いて行なわれる)
D社	計画的なローテーション 充分なリードタイム	-「エース」を選んで派遣するがゆえに、後任としてその代わりが務まるような人材は、ますます探すのが難しい -技術力、マネジメント力に加えて外国語力までを兼備する人材を恒常的に確保し続けることは事実上不可能であるため、敢えて採用段階では語学力を求めず、技術要件重視の採用を行なう -マネジメント適性を有する人材に海外経験を積ませることでグローバル人材に育てる -派遣に際しては充分な準備期間を与えて不足する能力の養成に充てる
E社	海外トレーニー 計画的なローテーション 計画的な採用	-1990 年代に行なった欧米への派遣(技術研修)で海外耐性を身に着けた社員が、帰国後に再度マネジメントとして他国に赴任するようなサイクルが回っている。不景気により中止したが、その取り組みによってプールされた人材(約 10 名)のうち 4 人が現在海外赴任中。 他 6 名もグローバル人材として即海外赴任できる状態にスタンバイされている。(但し皆 50 代に入っているため若手層にプール人材が不足) -新卒採用では積極的に英語ができる人材を採用している
F社	外国人材採用	-積極的な外国人材採用を行なっており、既に中国、ベトナム、ドイツ、ロシアなど多様な国籍の技術者が働いている。 -考え方としては「居住地・国籍不問」で優秀な IT 技術者を採用したい意向である(現実的には拠点を有する国でしか確保できないが、現に進出先のドイツで日本本社勤務のロシア人を採用した実績がある)
G社	海外トレーニー 計画的なローテーション	-「海外、英語にエッジを利かせた採用」（主に新卒) -二段階の海外派遣による駐在員(現地トップ要員)の育成
H社	即戦力採用 計画的なローテーション	-比較的即戦力性の高い人材を中途採用する -数は少ないが素養をもった人材を社内ローテーションによってグローバル人材に育てる
I社	計画的なローテーション 計画的な採用	-次課長クラスの人材の中から、マネジメントやコミュニケーションの能力を重視して一定数のプール人材(次期派遣要員)を見出した上、赴任前の半年～1 年を「事業企画」という海外事業の管理をする部署に異動させ、赴任に際しての不足する経験や情報を得させる -各国にコーディネイターとして赴任している中堅クラスの人材は、将来の海外現地トップとして派遣される要員の準備要員(プール人材)という位置付け -近年は、新卒採用で英語ができる人材を意図的に採用している。 -今後は間接部門にも国際対応力を有する人材が必要なため、折に触れて海外出張の機会を与えていく
J社	即戦力採用	-従来は担当者に英語トレーニングを受けさせていたが、商品開発のプロセスで円滑な意思疎通を行なうためには付け焼刃の英語力では用を成さず、今後海外とのやりとりを伴うような職務に就く人材は、予めビジネス英語の素養をもつ人材を外部採用する方針に切り替えた

このように、短期・中期・長期に恒常的に生じるグローバル人材需要に対して幾つもの手立てを以てその確保を行なう、Ｐ95・図表3-3で示したような一連の取り組み（考え方）を「Global Talents Logistics」（筆者造語）と名付け、次のように定義したいと思います。

【定義】 Global Talents Logistics
グローバルビジネススキルセットを有する「グローバル人材」の需要を、短期・中期・長期それぞれの時間軸で予測した上で、それを計画的に遅れなく確保するための一連の取り組み

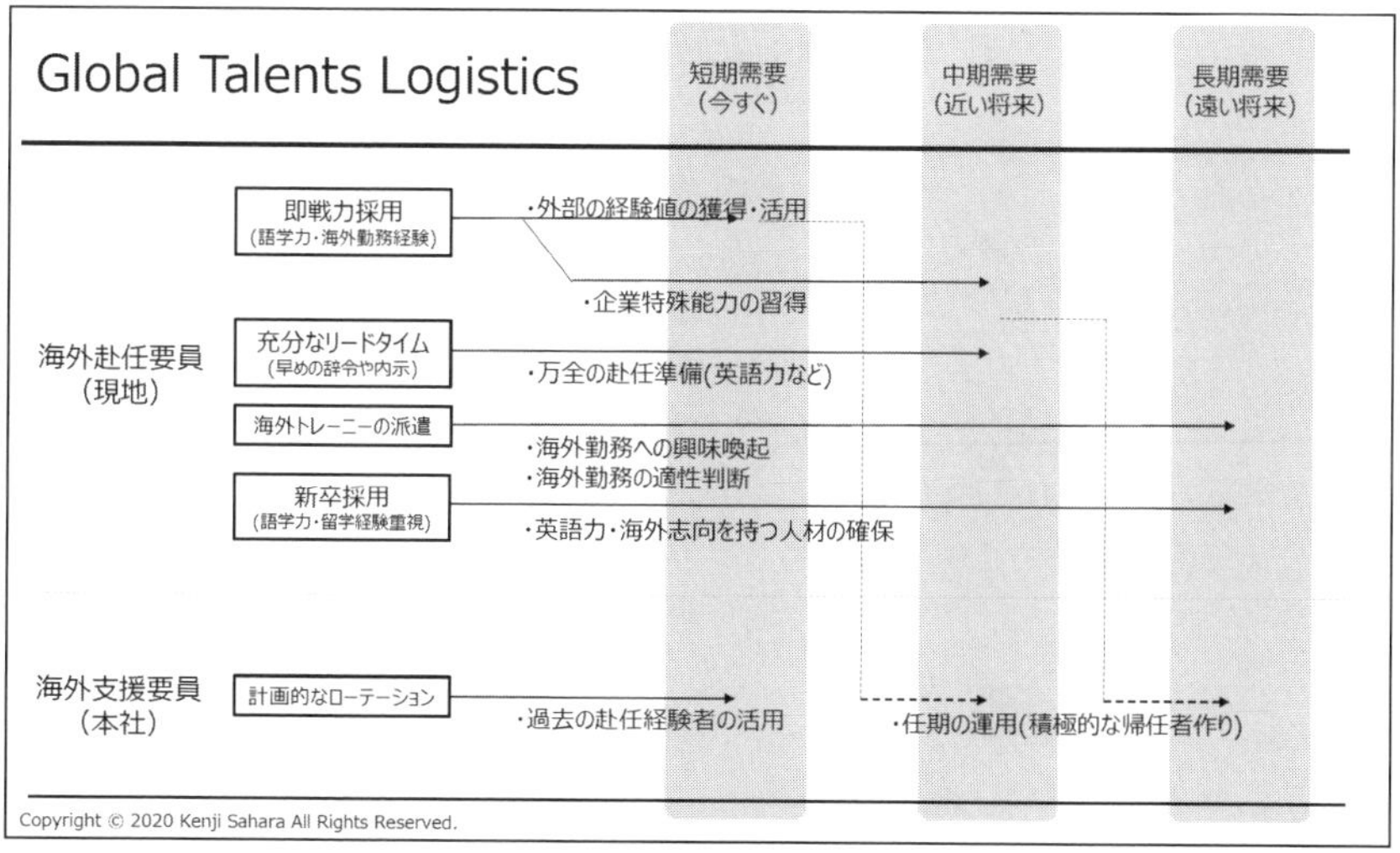

〔図表３－３再掲〕海外駐在要因のパイプライン

（3）今や無視することはできない、国内における外国人材採用

当社が2019年に行なった調査[21]によると、2019年4月入社の新卒採用において国内に学ぶ外国人留学生を採用したとする企業は10・3％存在することが判りました（当社の取引先409社に対するアンケート調査）。

経年比較をするデータがないため、増減については分かりませんが、採用を行なった全ての企業には既に正社員か契約社員の外国人材が存在します。そして、その全ての企業が、外国人材雇用に対して、「異なる視点（感覚・感性）からの発想・行動が、事業に好影響を与えている」、「異なる視点（感覚・感性）からの発想・行動が、組織（社内）に好影響を与えている」、「海外とのコミュニケーションが円滑に行われるようになった／外国語対応に困らなくなった」というように、「単に人員数不足を補う手段」としてではなく、海外事業要員確保という明確な意図をもって外国人材を採用していることが判りました。

一方、就職情報大手のマイナビ社の調べ[22]によると、2019年卒の新卒採用で、外国人留学生採用を行なった企業の割合は上場企業で28・1％、非上場企業で8・7％と、上場・非上場で大きな開きがありました。また、「採用していない」、「採用予定がない」とする企業は、「現場の受け入れ態勢が整っていない」（43・8％）、「外国人が活躍できる環境が整っていない」（43・2％）、「母国語レベルの日本語力を求めているため」（28・0％）、というような理由で、採用をしていないようです。

21　ジェイ エイ シー リクルートメント、2019年2月、『外国人材採用最新動向』
22　株式会社マイナビ、2018年11月、『2019年卒マイナビ企業新卒内定状況調査』

外国人材を採用し、活躍を促す上でも言語の問題が無関係ではなく、ここでも、本書で繰り返し述べてきた組織の英語力が問題となってくるわけです。

今はコロナ禍によって減少していますが、コロナ前の段階で、日本国内の大学・大学院に学ぶ外国人留学生は約18万人といわれ、毎年増加を続けてきました。うち、5割は卒業（修了）後、日本で就職することを望んでいるといわれていますが、実際に日本国内で就職先が見つかるのがそのうちの約3割だと言います。政府は、2016年にまとめた「日本再興戦略」の中で、外国人留学生の国内就職率を5割に高める目標を設定し、これを受けて、文部科学省は2017年から「留学生就職支援促進プログラム」による留学生の就職支援を行なっています。このプログラムは、全国12大学を基点に、各大学が自治体や産業界と連携して「日本語教育」や「日本での企業文化等キャリア教育」、「中長期インターンシップ」などを学ぶ環境を整えるものです。さらには、本書執筆中の2023年3月17日に行なわれた政府の教育未来創造会議では、2033年までに40万人の外国人留学生を受け入れる計画が掲げられました。計画では、留学期間が終わった後に日本国内で活躍してもらうことも重視し、インターンシップの拡充によって外国人留学生の国内就職を後押しするといった案も今後検討されることになっています。

今はコロナ禍によって停滞していますが、今後は高い日本語力を備え、日本企業に適応し易い外国人材が、新卒採用市場に増加することが期待されます。[23]

これらの人材をうまく確保することができれば、組織に様々な変化をもたらすことができます。外国人材の

23　文部科学省ホームページ、『留学生就職促進プログラムの公募について』

入社をきっかけに既存の従業員が海外や外国語に関心を持つようになったり、また、受け入れをきっかけに業務マニュアルや規程の整備が進んだ、という声も聞きます。そして、海外の取引先や子会社との連絡を円滑に行なう、国際対応要員としても、既に多くの外国人材が活躍しています。また、外国人材の採用・定着の実績が増えると、大学や大学院との信頼関係や、同じ国籍をもつ留学生や卒業生との人的ネットワークを築くことができ、候補者獲得に有利にはたらきます。

先に引用した当社のアンケート調査結果によると、「外国人材の雇用を増やす」とする企業では、「日本人の採用だけでは必要な人材数を確保できないため」が最多でしたが、海外に子会社を有する企業の回答のみを集計すると、最も多かったのは「海外の子会社や顧客とのブリッジ役(国際対応要員)として」という理由でした。

海外での「販路拡大」や、現地人材を組織や事業の中枢へと登用する「経営現地化」、研究開発拠点の開設などの「国際分業の進化」(グローバルビジネス3・0)によって、日本本社における海外とのコミュニケーション量は増加し、また高度化していきます。それによって、海外の顧客や従業員とのコミュニケーションが必要となる部署や人は増え、多くの企業で国際対応要員、すなわち「仕事も英語もできる人材」の必要性が増していることは本書で繰り返し述べてきた通りですが、それに対して日本で生活している外国人材への期待が高まっているのです。

一方、人材紹介会社である当社には、転職を希望する外国人材が数多く相談(登録)に訪れますが、職場環境や仕事の進め方に対する不満をため込んだ人も少なくありません。朝礼で行なわれる社訓や社歌の唱和や、仕事に直接関係のない読書会に違和感を覚える人、タバコの煙や工場の粉塵(清掃の不徹底)によって健康不安を訴える人もいます。

その不満について彼らにインタビューすると、決まって「上司が高圧的で言える雰囲気ではない」「何度も申し入れたがその都度はぐらかされる」といった答えが還ってきます。

すなわち、外国人材ならではの感覚・感性を、組織の活性化に活かすことができるかどうかは、彼らが率直に感じることに、真摯に、誠実に耳を傾けるかどうか、またお互い納得するまで充分な対話を行なうかどうかにかかっているのです。こういった組織としての受容性や、認め合い語り合う風土こそが、ダイバーシティ（多様性）の本質であり、外国人材以外でも多様な人材の活躍を促す条件となります。

私自身の僅かな経験を思い返してみても、彼らの主張が極めて利己的に聞こえることも少なくありませんでしたが、時間をかけて話し合うことでお互いに理解することができ、そして納得した時に発揮するエネルギーは、職場の中で際立っていたということは一度や二度ではありません。

また、感覚・感性とは別に、外国人材のもつ「能力的特徴」についても、われわれはもっとよく理解するべきです。ある企業では、外国人材のもつ高い基礎能力（プレゼンテーション能力など）がもはや展示会や学会などでは欠かせないといいます。人前で話すことをあまり得意としないことが多い日本人に比べ、学生時代からプレゼンテーションやディベートなどのトレーニングを受けている外国人材は、「話す」場でその強みを発揮します。また、数理的能力やITリテラシーの高い人材が多い国（インドや北欧など）、幼少期から外国語教育を行なうことに積極的で、母国語の他に英語や中国語、日本語を操る人材が多い国（韓国やマレーシアなど）、というように国や地域によってさまざまな〝得意分野〟がありますので、それぞれの能力的特徴に応じた仕事の役割分担をすることを前提とした人材募集（採用）を行なうことも、外国人材採用によってより高い効果を生み出すための着眼点の一つです。

本書ではこれまで、海外事業を拡大、進化させていくために組織の英語力を高める必要性を述べてきました。さらに本項では、外国人材を雇用する上でも、相互のコミュニケーションを彼らの日本語能力に依存しないことが重要だと述べてきました。募集・選考時に日本語能力にこだわりすぎると、候補者が充分に集まらない可能性があることは言うまでもないからです。

それと矛盾するようですが、ここで敢えて、「日本語力」に強くこだわって外国人材採用を行なっている企業をご紹介します。

ひとつはある化学品メーカーで、その社長は、「日本企業らしさを表現する言葉は、極論すれば日本語にしかない」といいます。例えば、一般的に日本企業のモノ作りのプロセスは、「擦り合わせ型」と呼ばれ、欧米の「モジュール型」と区別されます。部品設計を相互に調整して完成品としての最適化を目指したり、またそれを実現するための部門間の調整能力が重視されたりすることがこの「擦り合わせ型」の本質です。

この「擦り合わせ型」は日本企業の経営モデルとして認知され、「インテグラル型(Integral Architecture)」などと呼ばれているようですが、語感としてはしっくりきません。また円滑な組織運営を支える「目配り、気配り」、一時期流行した「おもてなし」といった言葉にも、それを表す適切な英語表現がないように感じます。

同社では、日本人や日本企業が大切にしている価値観をベースとしたコミュニケーションをするためには日本語を用いた方がよいと、敢えて「日本語のできる外国人材」にこだわった採用を行なっているのです。

一方、事業の持続可能性の観点から日本語にこだわっているのが、ある地方都市のソフトウェア会社です。その企業は日本国内で受託した開発案件をインドにあるオフショア拠点を活用して開発しています。日本国内の

ＩＴ人材不足は、もはや中小企業や地方のＩＴ企業の存続を危うくするほど深刻な問題ですが、同社の社長は、「インドでＩＴ人材を採用するのはそんなに難しいことではない」と言います。また同社は最近、新たにミャンマーにもオフショア拠点を開設し、現地でＩＴ人材の雇用を始めました。

しかし、同社の開発は全て日本国内の取引先から受注するものであり、開発の主体はあくまで日本本社であり日本人のプロジェクトマネージャー（プロマネ）です。ＳＥやプログラマに比べて尚一層採用するのが難しいプロマネに「英語力」を求めては、安定的に確保することは極めて困難です。

そのような背景から、社長は「社内（グループ内）の公用語は日本語」という信念を変えません。そしてその上でインドやミャンマーの人材をマネジメントする上で支障が出ないよう、インドやミャンマーで採用した人材を日本に招き、1年間、徹底的に日本語教育を行なうのです。日本語学校の学費や住居費は１００％会社負担ですから、その投資額は相当なものです。

「グローバルビジネスを行なうから公用語は英語で」という考え方もある一方、業界特性や自社の生きる道を冷静に見極めた上で、事業の持続可能性の観点から「グループの公用語を日本語」と定め、そのために思い切った投資を行なう同社の取り組みには、強い信念が感じられます。ちなみに、同社の社長は日本語を含めて4ヶ国語を操るマルチリンガル人材であるという点も、この意思決定に奥行きを感じさせます。

問　貴社で外国人材の活躍を妨げる原因があるとしたらそれは何でしょうか。

外国人材を雇用したい、と願うだけで外国人材が雇用できるわけではないということは言うまでもありません。特に近年、日本や日本企業が、優秀な外国人材から選ばれなくなっていることを指摘する論考が目立ちます。

大分大学経済学部で講師を務める碇　邦生氏がSNSに投稿した『海外トップ層の人材を採用するために日本での勤務経験の価値を明確化させよう』は、優れた専門性やポテンシャルを持った外国人材に対する需要が年々増しているにもかかわらず、残念ながらアジアの学生にとって日本企業の人気はそんなに高くないという事実を、研究や実体験をもとに解り易く伝えています。

碇先生が挙げている「香港（アジア）の学生が日本企業に魅力を感じない理由」は次のようなことです。

・国際的に有名な日本企業の産業が古すぎる
・香港の学生が志向するようなハイテク企業がドメスティックすぎる
・管理主義的な経営や長期雇用を強いる制度がキャリア観と合わない
・英語だけでビジネスができない
・過労死など日本企業の働き方に悪いイメージがある

これらに加え、諸外国と比べて報酬やその上昇率が低いことも大きな原因です。〝30年間上がっていない〟というわが国の給料は、米豪など先進国との格差はさらに拡がる一方、経済成長を続ける新興国との差も縮小しています。

この諸外国との給与格差については、岸田文雄首相が3月29日の談話で、2022年夏に政府の「新しい資本主義実現会議」がまとめた実行計画を2023年6月に改定することに触れ、「海外企業と日本企業の間にある賃金格差を縮小する」と踏み込んだ発言をしていますが、個別企業においては現実問題として〝できること・できないこと〟があります。また企業風土は深く人々の価値観に根付いたものであり、それに整合する制度とともに一朝一夕に変えられるものではありません。

それに対し、碇先生は「従業員価値提案(Employee Value Proposition)」を充実させることが重要だと説いています。すなわち、日本(企業)で働くことがその後のキャリア構築にとってどれだけメリットがあるのかを明示すること。「(優れた人材から)選ばれる会社になる」ことが重要であることは既に多方面から叫ばれていることですが、その具体策として極めて本質を突いた主張です。

国籍に関係なく、優秀と言われる人材ほど自分のキャリア構築に対して貪欲で自律を求める傾向にあります。そういった人材は長期雇用で企業に忠誠を尽くすというタイプではないかわりに、職務経験を通じて自らのキャリアの付加価値を高めることに積極的です。

能力が高く、自律的キャリア形成を望む人材にとって「自社で働くことで得られるもの」は何か？

持続的成長や変革を志す組織において、各階層で議論すべき問いなのではないでしょうか。

問

外国人材に限らず、優れた専門性やポテンシャルを持つ人材が貴社で働くことで得られるものは何でしょうか。

（4）「現地化」のキーパーソン、現地雇用日本人（ＳＩＥｓ）の活用

日本国内に住む外国人材が海外事業要員として積極的に活用されている一方、海外に住む日本人を現地ビジネスや現地法人のマネジメントにうまく活用している事例も数多く見られます。

コロナ禍やウクライナ侵攻、急激な為替変動は、日本企業が海外事業の在り方を考え直す契機となりました。販売や調達が中国など特定の国・地域のみに依存することのリスクや、資金コストや原料コストの急激な変動、またインフレに伴う賃金上昇に頭を悩ませている企業も少なくありません。

そんな中、最近よく目にするのが、「事業の現地化」を進めるための動きです。特に、日本国内の主要取引先が生産を海外に移管するのに伴ってそれに随伴した中小企業では、現地のビジネスが特定の日系企業のみを顧客としているケースは珍しくありません。これは昔から、「一本足打法」と揶揄される、特定の企業に依存し切ったビジネスで、その危うさは説明するまでもありません。

そのリスクを脱するため、アジア地域では、日系各社による「脱・日系依存」の動きが活発です。

その際、ビジネスの主役になるのは、日本本社から赴任や出張をする日本人ではなく、現地のナショナルスタッフです。しかし、タイやベトナムなど、英語を公用しない国においては、これまで以上に言葉のカベが立ちふさがります。

そんな時、ナショナルスタッフと日本人駐在員や日本本社との結節点として重要な役割を果たすのが現地採用日本人（SIEs=Self-Initiated Expatriates,自発的海外就労者）です。一定の任期を終えると帰任する駐在員と比べて長期的な勤務が期待されるほか、言語や文化など現地社会に溶け込んでいることを利点と感

じる企業がＳＩＥｓを積極的に活用していることが過去の研究から明らかになっています。

ＳＩＥｓに対しては、過去の数々の研究が示す通り「強い転職志向（すぐに辞める）」や「思考・行動の過度な現地化」といった危惧があることは事実ですが、私がタイやインドネシアなどの同僚から聞いて感じていることは、「30代のＳＩＥｓの平均的な勤続年数は伸びている」ということと、「より上位の役職にＳＩＥｓを登用する日系企業が増えている」ということです。

この二つは互いに密接に関わり合っており、活躍に応じて機会や報酬を与えることで、やりがいや使命感が芽生え安易な転職をしなくなるという相乗効果がはたらくのです。

私が実施した調査[24]から見えてくるＡＳＥＡＮ地域のＳＩＥｓの姿は、自身のキャリアや現在の仕事に対する満足度が比較的高く、ＳＩＥｓとしての特性を活かしながら現在滞在している国で長く（10年以上）働きたいと望む人たちの姿です。長い現地生活の中で培った現地語能力を活かして積極的にナショナルスタッフとコミュニケーションを取り、中間管理職として、またマルチタスクをこなすことによって日本人駐在員の負担を軽減しています。

雇用する企業にとっては、本社から駐在員を派遣することに比べて費用を大幅に抑制することができる点がメリットですが、単に「安上り」と考えるのは危険です。最近では先に述べたＳＩＥｓの利点を積極的に活かそうと、長く繋ぎ留めるための様々なリテンション策を講じる企業が増えています。現地の国民のみが享受できる社会保障サービスを補うために手厚い保険を付保したり、ナショナルスタッフとも日本本社とも違う独自の報酬

24　ジェイ エイ シー リクルートメント、２０１９年４月、『アンケート調査結果「海外で働く」を考える〜現地雇用日本人をグローバル人材として活用するには』

制度を設計するほか、日本本社への研修派遣など、SIEsがより安心して働き、活躍できる環境をいかに作るかということを、各社は本腰を入れて考えています。現地企業の開拓などビジネスの現地化を促進するキーパーソンとして、SIEsの活用を検討するとともに、もし既にSIEsを雇用しておられる場合は、彼（彼女）らに対して適切な処遇が行なわれているか、一度見直してみてはいかがでしょうか。

問

貴社でＳＩＥｓを活用することができるのはどのような場面でしょうか。

第３節　採用活動を妨げるカベ

本章では、第2章でご紹介したインタビュー結果を振り返り、また先行研究を参照しながら海外事業要員確保の具体的な取り組みについて見てきました。

しかし人材採用は、やり方を知っているというだけでうまくいくほど簡単なものではありません。現在、世界中でインフレや高度人材の獲得競争によってホワイトカラーの報酬水準が上昇を続けています。そして報酬だけでなく、サステイナビリティへの取組みや快適な労働環境の整備など、企業はいかに〝選ばれる会社〟になるかを競っていると言えるでしょう。

日本国内では給与が上昇している実感がある人は少ないかも知れませんが、第1章で述べたようなビジネスのグローバル化に伴って報酬制度をグローバル標準で改定しようとする企業は次々と現れていますし、ダイバーシティやフレキシブルな働き方への対応、地球環境への配慮など、求職者が企業を選ぶ基準はよりシビアになっています。

そんな環境を踏まえ、事業計画に遅れることなく要員を確保するためにはどうすればよいのか、本章では敢えて「うまくいかない例」（人材採用の成功を妨げるカベ）に焦点をあてて考えていきます。

（1）言語化のカベ

まず最初のカベは、第2章2節「求人票に反映する」で詳しく述べた、採用要件の言語化のカベです。そこでは、「（1）求める人材像を掘り下げる」、「（2）応募者を集めることを目的化しない」、「（3）パーソナリティを言語化する」「（4）カルチャーを言語化する」と各項ごとに具体例を挙げて解説しました。

言語化のスキルは、よい求人票やジョブ・ディスクリプションに触れ（インプット）、自分自身でも数多くの求人票を作成する（アウトプット）、といった努力と訓練によって身に付くものではありますが、スキルだけではなく、採用部門との根気強い対話や、求人票を作成する目的を正しく理解すること（意識）が重要です。

忙しい現場（採用部門）に遠慮して、求人の詳細や本質を理解しないまま安易な記号化をしてしまうと、単に応募要件のキーワードが羅列されただけの具体性に欠ける求人票が出来上がります。

もし皆さんが作成した求人票が、「海外駐在の経験があること」「Webを使ったマーケティング経験3年以上」、といった「応募要件」を中心に書かれていたとしたら要注意です。

また、求人票を作成する目的が、求める要件を満たす人物(のみ)からの応募を獲得するため、という本来の目的を離れ、無意識のうちに単に多くの応募者を集めるためのものになってしまいがちであることにも注意が必要です。前にも述べた通り、思ったように候補者が集まらなかったり、本来求める人材とは異なる候補者が数多く集まったりすることは、間違いなく人材採用の遅れの原因となります。

(2) 面接のカベ

求める人物像が正確に言語化でき、それによって、書類上は適切な要件を備えた候補者が集まったとしても、採用はそれで終わりではありません。面接では、書類からは読み取ることができない経験や実績の詳細を掘り下げて把握するとともに、人柄やコミュニケーションスタイルなどが職務や職場に適応し得るか、まさに「会ってみなければ判らないこと」を確かめることが面接の目的です。

面接の設計を入念に行なうことの重要性やその具体的なポイントは第2章第3節で述べましたが、ここでは私の経験から面接の場で陥り易いことを2つ挙げますので前章と併せてご覧ください。

①　〝総合職採用〟の幻影

総合職として新卒で入社した企業の中で、「ローテーション」と呼ばれる異動を繰り返すことでビジネスやその会社ならではの仕事の仕方を体得し、徐々に「職能」とそれに伴う「給与」を上げていくというのが日本型雇用システムの特徴で、「職能型（最近ではメンバーシップ型）」人事管理と呼ばれています。また、勤務年数に比例して金額が高くなる退職金制度も、従業員が長く勤務先に留まるインセンティブになっています。（現在では退職金制度を廃止してその原資を短期給与に移行する企業も増えています）

一方、欧米型の人事管理は「職務型（ジョブ型）」と呼ばれ、給与は権限や責任と共に職務に紐付きます。同じ職務に就いている以上受取ることができる給与額は変わらないため、給与額を上げていくためには責任と権限がより大きな「職務」へとステップアップしていく必要があることから、欧米の人材は積極的に社内外にその機会を求めます。また、職務によって明確に区分された欧米型の組織では退職者の後任を社外から調達することも比較的容易であり、これが日本よりも人材の流動性が高い理由であるとも言われています。モノ作り企業におられる（おられた）方であれば、「インテグラル型（擦り合わせ型）」と「モジュラー型（組み合わせ型）」の違いをイメージするとよいでしょう。

この「ジョブ型」を導入するかどうかは別として、専門性の高い人材や自社の従業員にはない特殊な経験を有する人材を採用する際には、従来行なってきた「総合職」的な人事の運用に囚われすぎてはいけません。面接の際、無意識のうちにその運用をチラつかせて候補者に無用に不安感を植え付けてしまうことはよくあることです。

「（たとえ海外駐在員候補としての採用でも）当社の社員になったからにはすべからく異動命令には従ってもら

うよ」、「国内の他の事業所に転勤を命じることもあるよ」、また特定の国や地域に関する知見を有する専門家に対しても、「必ずしもその国とは限らないよ」、というような脅しともとられかねないような無用な念押しが行なわれるケースは意外と多いものです。

労働市場の流動化が進み、「自律的キャリア形成」の重要性が広く認識される中で、候補者がこれまでに身に着けてきた専門性や経験値は、今後の人生、生活の糧となる大事なものだという認識が必要です。そして候補者の関心は、その専門性や経験値を最大限に役立て、さらに磨くことができる仕事かどうか、ということです。それに対して選考段階で詳しい仕事内容や期待が明らかにされなかったり、別の仕事をアサインされるかも知れないと脅されたりしたら、その会社に入ろうとは決して思わないでしょう。

一方で、選考段階で詳しい仕事内容や期待を明確にしておくためには、「ジョブ・ディスクリプション(職務記述書)」が必要です。ジョブ・ディスクリプションは、それぞれの職務ごとに使命や仕事の目的、役割範囲、責任(期待されるアウトプット)と、それに対して付与される権限などが明記されたものです。ジョブ型とセットで論じられがちですが、人事制度をジョブ型に改定しなくても作成することは可能です。

多くの日本企業では、このジョブ・ディスクリプションを作成し、運用する習慣がありません。内部統制のプロセスでは、フローチャートやリスクコントロールマトリクスと併せて「3点セット」と呼ばれるほど重要な書類であるにもかかわらず、実際の人事管理の中では意外と形骸化していることも多く、有効に活用されているとは言えません。

適切な採用(募集)準備とは、このジョブ・ディスクリプションを作成することにほかなりません。その人を雇用する目的、果たして欲しい役割や期待する成果とともに、そのために必要な能力要件を洗い出して募集や選考の基準を作ります。また、レポートラインを明確にすることで、その人に期待する成果を「出させる」ことに誰が責任を持つのかを決めます。適切に作成するためには相応の専門知識が必要ですので、これをきっかけに人事制度のプロに助言を求めるのがよいでしょう。

②　外国人材採用に立ちふさがる〝2次面接のカベ〟[25]

海外事業要員として外国人材の採用を行なう際は、さらに注意が必要です。中堅中小企業の場合、外国人材採用は「社長の一声」で始まることが多いものです。私も20年以上前にそのような経験をしました。人事部は急いで候補者を集め、1次面接を行なって比較的日本語力に難がなく、優秀そうな候補者を合格させます。そして次に、配属部門の部長が2次面接を行なうのですが、ここでは、当然のことながら「自部門に配属された時にお互いにうまくやっていけそうか」という極めて現実的な判断がなされます。そして、驚くほど高い割合で「優秀な人だとは思いますが…」と、不合格にするのです。この部長は、当然のことながら社長の方針（今後の国際化に備えた外国人材採用）を理解し、納得しているのです。しかし総論には賛成でも、直接マネジメントを行なう課長や、チームメンバーとの相性、すなわち各論を理由に、慣れない外国人材採用に二の足を踏むのです。そして、最終面接を行なうはずの社長のもとには、いつまでたっても候補者が現れません。

このようなことにならないよう、募集を開始する前に経営者、人事部門、配属部門の三者が集まり、どのような人材をどのような目的で採用し、どのような受け入れ態勢を敷くのかなどについて充分に協議し、目線を合

25　佐原賢治、2020年1月、『外国人材の雇用戦略（第1章）』

わせておく必要があります。

（3）リソース不足のカベ

人事部だけでなく、総務や経理といった管理部門は、一般的に間接部門（直接売上を生み出さない部署）と言われ、充分な要員配置がなされないことも少なくありません。そして、会社の規模が小さくなるほどその〝不足感〟が強くなっているように感じます。経営リソースに限りがある中小企業が、人材採用を強化しようと方針決定をしたとしても、すぐに採用担当者を1人、2人と増やせるわけではないのです。

私が知る限り、タイムリーによい人材を採用することができている中小企業では、ほぼ例外なく社長や部門長が人材採用に時間（＝リソース）を割いています。私は年間400〜500社と人材採用に関する打合せを行ないますが、今やその7〜8割は「人事部以外の方」です。この数には大企業である取引先との打合せを含みますが、そこを含めても最も多いのは海外事業部や海外統括部の部門長で、次に経営者ご自身やそれに次ぐ人物です。そしてこの「人事部以外の方」とお話しする割合は10年前とは逆転しているように感じます。

なぜそうなったのか、そこには幾つかの理由が考えられます。

まず、コロナ禍の期間を除き、国内の採用市場がかつてないほどの採用難であるということです。リーマンショック以降、新型コロナウイルスの感染拡大直前の2019年まで有効求人倍率は右肩上がりに上昇を続け、ピーク時は1・9倍を記録しました。[26]

26　厚生労働省ホームページ、『一般職業紹介状況（職業安定業務統計）』

アベノミクスによる金融緩和や円高の追い風を得た多くの企業が、「グローバル」や「デジタル」といった成長分野への投資に伴い、「これまでは必要がなかった人材」を求めたことで、求人が年々増加していたのです。

事業計画に対して要員が不足している事業部門では、「人事に任せていても一向に候補者が上がってこない」ことにしびれをきらして直接人材会社にコンタクトを取ります。以前であればこれに抵抗していた人事部門も、各部から寄せられる求人に手一杯となり、充分な候補者を供給できない現実から、そういった活動を容認(推奨)するようになりました。

さらに踏み込んだ企業では、部門長のジョブディスクリプションに人材採用に関する役割と権限が盛り込まれる例も見られます。コンサルティングファームのパートナーや、外資系生命保険会社の管理職がそうであるように、自らが担う事業やプロジェクトに必要なリソースを自ら主体的に獲得するための責任と権限を担うのです。

(4) 戦力化のカベ

苦労の末に求人要件を充たす人材と出会い、無事入社に至ったとしても、それで終わりではありません。選考段階で高く評価した人材が、無条件で全て活躍できるわけではないのです。言うまでもありませんが、即戦力採用とは、入社当日からインスタントに活躍する人材を採る(採れる)ということではなく、「適切な受け入れを行なうことで比較的即戦力性を発揮する人材」だと考えるべきです。

では、適切な受け入れとは何をすることでしょうか。それには幾つかのポイントがあります。

①　入社前後のギャップを埋める

私は、当社に転職相談に訪れる求職者の中で、今の勤務先に勤めて1年以内の方の離職理由を調査したことがあります（今のお勤め先に管理職として入社した40歳以上の20名を抽出、現勤務先への転職は当社を介して行なっていない）。

離職を決意するには実に様々な理由があるのですが、この20名の方々の早期離職理由は、大別すると「a：入社前には知り得ない事実が判明した」（45％）、「b：入社前（内定時）に提示された条件と異なる」（35％）、「c：（新規事業や改革に関する）意思決定が形骸化している」（25％）の三つにほぼ全員が当てはまります（重複あり）。

a（入社前には知り得ない事実が判明した）とは、具体的には次のようなことです。

「海外事業の立ち上げを担って入社したが、入社後、そのための投資で既に大きな赤字が嵩んでいること、それが原因で多くの退職者が出ていることが判明。人員的・経済的に新規事業を続けられる状態ではない」

〔製造部長として入社、8ヶ月後に当社に求職登録〕

「創業一族である会長と社長との間でモノ作りに対する考え方が異なる。社長からは生産体制の改革を求められて入社したが、会長の意向は将来的に自社製造からOEM製造へと切り替える（自社工場の縮小）ことであると入社後に知り、将来不安のため退職」

〔生産部主任として入社、9ヶ月後に当社に求職登録〕

「入社前の印象と異なり会長のワンマン体制。離職者も多く、過度な成果主義により評価の悪い社員は次々と退職勧奨される。有休は取れず、残業代は全くつけない等の問題があるため、社員へのモラルサーベイをもとに就業実態の改善を提案したが、会長は「できない社員の声など聞くな」と全く聞く耳を持たない」
〔人事課長として入社、7ヶ月後に当社に求職登録〕

いずれも少し極端な事例で、本当にこのような事態に見舞われたのだとしたら気の毒と申し上げるほかありません。また中には、本人の事前の情報収集や確認が不充分であったことも原因の一つとなっている場合もあるかも知れません。

しかし、ここまで極端なギャップでなかったとしても、「全くギャップはなかった」ということも、それはそれで珍しいのではないでしょうか。

ここでお伝えしたいことは、ギャップは大なり小なり必ずあり、小さなギャップであったとしても、それが早期離職や意欲の減退に繋がる可能性がある、ということです。

入社当日の帰り際や入社1週間後など予めタイミングを決めて必ず別室で話す時間を取り、「どんなギャップを感じているか」を繰り返し把握するように努めるべきです。このヒアリングは、できれば選考段階で最も接触回数が多かった人（多くの場合は人事部の採用担当者）が行なうのがよいでしょう。そしてもちろん、何か本人が不安や不信感を感じているようであれば、早めに関係者で対策を検討する必要があることは言うまでもありません。

② 評価を明確にする

経験者採用では、入社後3〜6ヶ月の間を「試用期間」とするのが一般的です。試用期間中は、「解約権留保付労働契約」とみなされ、企業側が雇用契約を解除できる権利を保有している状態となります。すなわち、部門長や立ち上げ責任者といった責任ある立場の人材を採用する場合は、有効にその期間を運用するべきです。

まず大前提は、試用期間中とはいえ、解雇するには社会通念上相当であると認められ得る明確な根拠が必要です。そして入社後14日を経過すると、1ヶ月の解雇予告期間(または解雇予告手当の支払い)が必要となります。また企業は、解雇の判断をする前に問題の改善を促す面談や配置転換などを適切に行なったかどうかを問われます(解雇回避努力義務)。

すなわち、3ヶ月の試用期間を設けている場合、3ヶ月(試用期間終了時)で止むを得ず解雇をしようとしたら、2ヶ月が経過した時点でその根拠を揃えておかなければならないということです。

2ヶ月で解雇の根拠(期待していた能力がなく一定の成果が出せない、協調性がない、勤務態度が著しく悪いなど)を示すには、予めその内容についての警告(改善命令)をするなど、解雇回避の努力をしておかなければなりません。[27]

1ヶ月目で改善命令を出し、1ヶ月経っても改善されないことを理由に、止むを得ず解雇通告を行なうのです。そして1ヶ月目で改善命令を出すためには、それまでに日常の中で何らかの評価のフィードバックや指導が行なわれているべきであり、それを厳格に行なうためには、1週間目、2週間目といった間隔での到達目標やチ

---

27 企業法務の法律相談サービス(弁護士法人咲くやこの花法律事務所)、2022年11月更新、『試用期間中の解雇についておさえておくべき注意点を解説!』

エックポイントが定められていなければなりません。

ここまで厳格な運用を行なっている企業はほとんどないと思いますが、「試用期間＝3ヶ月目に評価」でないことは明確に認識しておくほうがよいでしょう。また、「試用期間と言ったって、どうせ日本では解雇はできないんだし」とその権利（解約権）を無条件で放棄するくらいなら、試用期間など設けない方がよいと言えます。

実際のところ、3ヶ月で解雇したくなるような人材はそうそういるものではありませんし、判断にはもう少し長い期間を見込んで採用するケースがほとんどです。職務内容によっては1ヶ月や2ヶ月で能力評価を行なうことが難しい場合もあるでしょう。しかし、1ヶ月単位であれ3ヶ月単位であれ、評価のマイルストーンを定め、入社時にそれを明確に伝えた上で、定期的にその進捗状態を確認して評価を伝えるコミュニケーションは、相互の認識を擦り合わせる上で有効です。評価に対する不満は、評価が高いか低いかに対してではなく、自身の評価と会社（上長）の評価のギャップに対して生じるものだからです。

そしてこれは、本人の仕事ぶりを間近で見て、マイルストーンを一つひとつクリアすることを時に支援する立場にある直属の上長が行なうべきコミュニケーションです。

問

貴社では何を根拠に「試用期間満了」としていますか。またやや疑念を残す場合にどのような対応をしていますか。

③ 育成・戦力化の責任を明確にする

本項でご紹介した早期離職者の離職理由には、次のようなものもありました。

「入社後すぐ部長に抜擢されるも3ヶ月後に理由なく降格を告げられ、その後資金繰りが悪化していることを知った。その後希望退職募集が行なわれるなど、長く勤めるには不安が多い」

〔営業課長として入社、9ヶ月後に登録〕

「工場長候補として、工場の改善をミッションとして入社したが、社内に反対勢力が多く、自分を採用した役員のバックアップがなく、孤立無援となり断念した」

〔工場長（次長待遇）として入社、6ヶ月後に登録〕

部門長や立ち上げ責任者といった重要なポストでの採用は、時に、誰もその人を適切に指導・評価することができない状態を招きます。新規事業の立ち上げ責任者の場合、その新規事業は社内では誰もやったことがない仕事であることも多く、また幹部職での採用は周囲の皆が遠慮して、結果的に孤立してしまうことがあります。

こういった重要なポストでの採用は、社長の一存で行なわれることも多いのですが、中には、社長が忙し過ぎて放置せざるを得ない場合もあります。社長からすれば、「放っておいても結果を出してくれる人物だと期待したのに」と失望、落胆し、解雇や降格をさせたくなるのでしょうが、放っておいて思った通りの結果を出すことができる人物などそうそういるわけではありません。

人事部や関連部署の立場としては、これを放置するのはよくありません。「社長が勝手に採用してきた人に責任はもてない」と感じる気持ちも解らなくはありませんが、外から来た人が放置された結果辞めていった、という体験は、「外から来た人が活躍し難い会社」というある種のトラウマとして組織に根付きます。繰り返し同じようなことが起きるとなおさらです。

たとえ、社長が独自に引っ張ってきた人物だったとしても、入社早々社長に付きっきりで仕事をする場合を除いて、社長がいつまでに何を期待しているのかを明確にした上で、誰が何をチェック、指導するのか、誰が相談に乗り、ガス抜きをするのか、といった役割分担を行なっておくのがよいでしょう。

このことは、部長や立ち上げ責任者などの重要ポストでの採用に加え、外国人材採用の場面でも重要です。

（５）期日のカベ

人材募集をするのは当然のことながら人材が必要だからです。そしてそこには、「何のために」、「どんな人が」といった目的や要件に加え、「いつまでに」という期日が存在します。「年度内に採用しなければ来年度の業務計画が立ち行かない」という明確なデッドエンドがある場合もあれば、「来年末を目途に現在の駐在員に代わって派遣することができるような人材を」という、現時点においてはやや曖昧な期日設定もあります。

人材採用の期日は、そこまでの期間が短ければ短いほど、現実問題として妥協した採用を行なわざるを得なくなる可能性が高まります。採用する側の都合で、いつまでに候補者を集めて、いつまでに内定を出して、とスケジュールを組んだところで、求める人材が多くの選択肢を持つような高度な人材であればあるほど、不確実性は高まります。

一方、妥協をしたくなければ単純に早めに募集を始めればよいか、というとそれも難しいでしょう。ヘッド・カウント(従業員数)や総額人件費には予算の上限がありますから、いくら魅力的な人材だからと言って、いつでも採用ができるわけではありません。

このジレンマへの対策は、「必要となりそうな人材」を早めに想定しておくことでしかありません。わざわざ活字にするほどのことでもないように思うかも知れませんが、意外とできていないものです。なぜそう感じるかと言うと、私はコンサルティングやインタビューでお会いする全ての方にこのことを尋ねているからです。

中長期の戦略・方針や計画の中で、グローバルビジネスはどのように進化していくのか、それに伴い新たに生じる仕事や役割は何か、それを担う人材や組織は既に目途が立っているのか、その人材確保にはどのような不確実性があるのか、といった計画を掘り下げる問いや、「今後、もし御社で〝これまでは必要がなかった人材〟や〝御社の歴史の中では培い得ないような経験をもった人物〟が必要になることがあるとしたらそれはどのような場合か」、という半ば謎かけのような問いを発し続けているのです。

本章の「(3)リソース不足のカベ」で、私が普段お目にかかる方々が、最近では人事部の方よりも経営者や各事業部門の責任者の方へと変わってきていることを述べましたが、これらの問いかけに対して、「これはまだ人事にも話していないんですけどね、」という前置きで、実に様々なお話をお聞きすることができます。

すなわち、先ほどの「必要となりそうな人材」を早めに想定しておく、とは組織内でこういった対話をすることを指します。昨今では人的資本経営の重要性が叫ばれ、社内でタレントマネジメントシステムやスキルマップの導入が進んでいますが、それらの活用を一層進めることにも繋がるでしょう。また、そこまでのデータベースは整備されていなくとも、第2章の事例でご紹介したG社の「人事委員会」のような取り組みがあれば、必要な人材が生じると同時に、その有無や外部募集の必要性を瞬時に把握することができるのです。

「人材採用は、その期日が決まった時点で妥協が始まる」ということは、ぜひ頭の片隅に残しておいてほしいセオリーの一つです。そのために必要なのは「対話」なのであり、それは決して、半期に一度人事部から各事業部門に送る「必要人員に関するお尋ね書」や、事業部門から人事部に必要に応じて宛てられる「採用リクエストシート」といった事務的なやりとりを指しません。

本書のテーマである「なぜいつも採用が間に合わないのか」に対する一つの答は、こういった対話が不足していることだと言えるかも知れません。

おわりに

労働市場の流動化と自立的キャリア形成

２０２３年２月12日の時事通信ニュース『40～50代の転職、増加傾向　即戦力、紹介サービス多様に』[28]は、40～50代の転職の増加を具体的なデータをもとに伝えています。

日本では、２０２１年４月に「高年齢者等の雇用の安定等に関する法律」（高年齢者雇用安定法）が改正され、企業の高齢者雇用に対する努力義務が、それまでの65歳から70歳に引き上げられました。〝人生１００年時代〟といわれる今日、それが75歳にまで延長されるのも、もはや時間の問題かも知れません。

もし75歳まで働くとしたら、22歳で就職した人が働く期間は53年。その場合、時間軸的な折り返し地点は48歳です。そう考えると、40～50代の転職とはすなわち〝残り半分〟の進路を決めるということを意味します。

しかし残り半分とはいうものの、現実的にはその時点で選べる選択肢は、現時点ではそんなに多くはありま

28　時事通信、２０２３年２月12日、『40～50代の転職、増加傾向　即戦力、紹介サービス多様に』

せん。少なくとも、ある程度の報酬を保証された上でそれまで未経験であったことにゼロベースでチャレンジさせてくれるような機会は無いと考えて間違いないでしょう。この時点では自身にできること(=Can)以外に選択肢はないのです。

1人ひとりのビジネスパーソンにとって、だからこそ、この〝折り返し地点〟をどのような状態で迎えるか、は非常に重要です。

例えばキャリア前半の中間地点は35歳。この時点で、〝折り返し点〟以降をどのように生きていきたいか(=Will)を思い描いたとしたら、それを目標に35歳からの12~13年間で得られる経験値やスキルが、48歳地点のCanになります。その経験値やスキルを得るために、実務とは別にビジネススクールや資格試験などを通して自己啓発に積極的に取り組むことはもちろん、今の職場よりもよい環境があれば転職をするのもよいでしょう。

このように、自身のキャリアの先行きを、必ずしも会社が決める異動や転勤に受動的に従うだけでなく、自身で作り上げていく「自律的キャリア形成」を目指すビジネスパーソンは増えています。

またそれに加えて、コロナ禍によってワークスタイルに対する人々の感覚が変化していることも、見逃してはなりません。

2021年10月に第一生命経済研究所が発表したレポート[29]は、欧米では離職率が過去最高水準にまで増加しており、その理由の一部はコロナ禍による環境変化に因るものだとしています。その理由は、多くの人が長

29 第一生命経済研究所、2021年10月、『「大退職時代」は日本に訪れるか?~欧米「the Great Resignation」との共通点と相違点~』

期間のリモートワークを経験し、プライベートの時間が増す・人間関係のわずらわしさから解放されるといったメリットを体感した結果、オフィスに戻りたくないと考えるようになったこと、物理的に職場を離れて働いたことで自らのキャリアを見直すきっかけとなったこと、経済活動の制限によって貯蓄額が急増し金銭的に余裕が出来た人たちが待遇面より自分のやりたいことを仕事として選ぶようになったこと、コロナ禍によりデジタル化が進み、関連の求人が増加したことで求人市場における給与相場が大幅に上昇したこと、などです。

またそれを受けて企業は、労働者のつなぎ止めのために待遇を改善することに積極的だといいます。賃金だけでなく、リモートワークと職場への出勤を組み合わせた「ハイブリッド・ワーク」の導入やメンタルヘルス対策の強化など、働きやすい環境づくりが積極的に進められています。

日本においては、欧米ほどの顕著な離職率の上昇は見られず、また働き方についても、コロナウイルスの新規感染数の減少に伴い再び全員出社を原則とするような回帰現象が起こっていますが、前述のようなキャリア自律を目指すビジネスパーソンの間では自らが望むワークスタイルを実現するために積極的に転職活動を行なう動きは確実に見られます。

特に、本書のテーマである「海外事業要員」に絞ると、それはすべからく海外事情に明るい人たちですから、欧米で進む〝当たり前〟の変化を、日本においても当然と考える傾向はより強いはずです。

リモートワークを許可したら優秀な人材を採用することができる、という単純な話ではないにせよ、自社が望む人材を確保する上で、人々のキャリア自律や、世界で進む働き方の変化に無関心であってよいはずはありません。

第2章第3節では、「面接をデザインする」と題して候補者のスキルや経験が募集要件を満たすものであるかをいかに見極めるかということを論じましたが、デザインされた面接の場においては、「ジャッジする」という姿勢だけでなく、その面接が候補者から「ジャッジされる」場であることを忘れてはなりません。そして、キャリア自律を望む優秀な候補者と向き合う時には、その人の「Will」と、そこへ至る道筋についての考えをよく理解し、自社においていかにそれを実現するかということを共に考える姿勢が欠かせません。

おわりに

本書は、次の三段論法で話を進めてきました。

海外事業展開が、多くの日本企業にとって持続的な成長を遂げるために欠かせない ← 海外事業は次第に進化し、その進化に伴って次々と〝これまでは必要がなかった人材〟が必要となる ← 求める人材をタイムリーに確保することは難しいため、人材確保にはこれまで以上に計画性と先見性が重要である

過去の研究論文や統計データに加え、私が10年間にわたって触れてきた各社の事例、インタビュー記録などをもとに、できるだけ多面的な視野と、情報の具体性を意識して書き進めたつもりです。

私は、1990年に新卒で入社した企業で人事課に配属されて以来、採用担当として全社の採用に携わり、また時に部門長や支店長として自部門で必要な人材の採用を行ない、さらに人材紹介コンサルタントとして多くの担当企業の採用をお手伝いしてきました。この原稿を書いている2023年3月まで30年以上にわたり、様々な立場から一貫して「人材採用」に携わっています。

人材採用は、その時々の求人・求職の動向や社会情勢、候補者やその家族の心の動き、面接官との相性、さらには入社時点の社内のムードや人間関係など、様々な不確実性によって左右されます。仮に同じ人が同じ企業に応募したとしても、その時期や入社決定までのプロセス、関わる人によっては、入社に至るかどうか、入社後に活躍できるかどうかが変わる可能性があります。「こうすればうまくいく」という公式など絶対にないのです。

だからと言って、「そこそこの人でいい」「失敗してもいい」と思って採用(募集)を行なう人はいないでしょう。常に最適な人材を求めて、結果として時に失敗しながら、その都度「どうすればよい人材を確保することができるか」という試行錯誤をし続けるのが人材採用なのです。

私の願いは、その試行錯誤がターゲティングや募集方法といったテクニカルな部分に偏ることなく、またうまくいかないのは誰かの責任であると決めつけることなく、根気強く対話を続けていただきたいということです。

人的資本経営に対する関心が高まる中、ビジネス競争に勝利するため、また自社が求める人材から選ばれる会社であるために、「経営戦略と人材戦略の連動」が一層重要となることは、本書で繰り返し述べてきました。私は、上で述べた事業部門と人事部門との対話を重ねることこそが、「経営戦略と人材戦略の連動」の第一歩であると考えています。

労働市場の流動性や市場環境の変化のスピードが増すことで、人材採用、とりわけ経験者採用の重要性はさらに高まります。各社において、人材採用のために投下されるリソース（ヒト・モノ・カネ）は確実に増加しています。そして人材採用を強力に、効率的に行なうためのソリューションも日進月歩です。こういったハード面への投資や認識のアップデートに立ち遅れることは、人材獲得競争で大きな不利となる可能性があるということは、特に経営陣の皆さんに認識しておいていただきたいことです。

また一人のビジネスパーソンとしても、今後は本書で述べてきた「人材採用のスキル」がより重要になることは間違いありません。

人材採用の〝界隈〟には、「これまで何百人と会ってきた自分には人を見る目がある」とうそぶく人が少なくありません。もちろん、手術した症例数の少ない外科医に名医がいないのと同じで、多くの人を面接し、多くの採用意思決定を行なうことは、「人材採用のスキル」を高める上で不可欠な必要条件です。しかしその場数をスキルへと昇華させるためには、「人を見る目」をセンスや場数によって身に着いた「勘」にとどめずに、自身の中でメソッドとして言語化しておくことが重要です。

本書を読んで下さった読者の中で、今はまだ経験が少なくても、今後のキャリアをより輝かしいものとするために人材採用のスキルを磨きたいと思って下さった方がおられたとしたら、これに勝る喜びはありませんし、私も決して本書をゴールとせず、皆さんとともにさらに精進していきたいと思います。

最後に、本書が取扱ってきた「人材採用」は、その成否を明確にすることが非常に難しく、それゆえに、本書で取り上げた事例や私が提唱する手法が人材採用の「成功」に繋がったのか否かの検証はなされていません。よって、私が本書で述べてきたことの多くは実績や科学的な裏付けのない空論とのそしりを免れませんし、様々な異論、反論があることも承知をしています。

この未完成な理論が、読了して多少なりとも関心をお持ちいただいた読者の皆様の実践と試行錯誤のもとに、より磨かれて解像度が高まっていくことで、セオリーとして定着し、海外市場や成長市場に参入するための人材採用において、〝間に合わない〟という事態に見舞われる企業が少しでも減ることを祈念してやみません。

なお本書は、アメージング出版（合同会社AmazingAdventure）の千葉慎也氏にお声掛けいただいたことによって出版が実現しました。心より、感謝申し上げます。

またそれ以外にも、これまで私との打ち合せにお付き合いいただきましたジェイ エイ シー リクルートメントの取引先企業各社の皆様、また当社が行なうアンケートやインタビュー調査にご協力下さった人事部や海外駐在員の皆様、そしてそれらの方々との対話の機会を作り出してくれたジェイ エイ シー リクルートメントと海外グループ会社(JAC Recruitment International)の経営陣や従業員諸氏の協力なしには書き終えることができませんでした。

とりわけ、同僚であり、海外ビジネスや海外駐在、外国人材採用のオーソリティである海外進出支援室の加藤将司は、折に触れて様々な気付きや知識をもたらしてくれました。

さらに、株式会社懸け橋の代表取締役である竹内博和氏は、草案段階における的確な助言に加え、人材採用の意義やその仲介に携わる人材紹介会社の在り方などについての本質的な議論を通して本書の核となる様々なエッセンスを提供して下さいました。

そして何よりも、長期間の単身赴任の間、一貫して家庭を守ってくれた妻と娘の存在なしには、本書の執筆はもちろん、ここに至るまでのビジネス経験を積むこともできませんでした。心から感謝するとともに、末永い健康を心より祈り、ペンを置きます。

巻末資料：各社のインタビュー記録

海外駐在員は経営幹部候補、貴重な経験を組織にフィードバック

A社

自動車部品製造／従業員：100名未満／本社：関東地区
海外進出：1990年代～／海外拠点：タイ、フィリピン、中国
回答者　：取締役総務部長a氏

＜A社の海外事業＞

A社は北関東に本社を置き、主に自動車向けにゴム製品を開発・生産・販売している。同社は、1990年代から海外進出を始め、これまでタイ、フィリピン、中国に生産・販売の拠点を設けた（現在、タイは資本関係を解消し、生産委託先としている）。

海外進出を始めたもともとの理由は取引先の要請に基くものであり、同社が主体的に企図したものではなかったが、現在では各国で主体的かつ積極的な取り組みのもと、同社の海外事業は進化している。

フィリピンでは国内向けと日本向けの製品を生産してきたが、最近では周辺国や北米にも輸出するようになった。また中国では当初、日本から輸入した部品をもとに組み立てを行なうノックダウン方式を採用していたが、技術力の進歩に伴い、現在では現地で受注した製品を現地で開発・生産・販売している。日本におけるA社の特長は、素材の選定から形状、性能、納期まで、顧客の要求に細かく応えていくことであり、その技術力を海外拠

点に展開することによって、アジアなど海外における「需要拡大の波に乗る」（a氏）のが現時点での同社の事業展望である。

現在、同社の海外販売比率は約10％で、明確な目標こそないものの今後それは更に高まっていくこと、また「それに伴って日本本社におけるグローバル人材需要も増す」ことがa氏を含む経営陣の中での明確なコンセンサスであるという。これに対し、a氏は総務・人事を管掌する取締役として、事業計画に基き必要となるグローバル人材を確保するための責任と権限を全面的に担っている。

〈海外事業要員に求めるもの〉

a氏がもっとも重要だと考えているのは、「マネジメント能力（拠点経営・事業経営）」である。そして現実問題として各国拠点に派遣している駐在員の後任候補となる人材が社内に少ないことが課題だという。

A社がこれまで海外拠点に現地トップとして派遣してきたのは、立ち上げ時や拡張期の例外を除くと本社の主に製造部門の課長級の人材であった。

現状の課長級の人材の中で、国内で高い能力を発揮している人物はみな国内事業においても欠くべからざる人物であり、海外に赴任させると国内事業に支障が出る、というジレンマに陥っている。いずれにせよ課長級の人材は拠点経営・事業経営の能力を社内で発揮したことはないため、派遣する時点では「期待含み」で送ることになる。

その際に選定の基準とする要件が、「心身のタフネス」である。その理由についてa氏は、「海外では日本で起こらないようなことが起こるから」とした。そんな時に冷静に事態を把握し、柔軟に対応するには、少々のことには動じない胆力のようなものが必要で、それは単に仕事ができることとは別の能力であると考えられている。ちなみに、海外赴任に堪え得るスキルや経験を持った従業員の中でその胆力を持ち合わせていると思えるのは半数未満であるとのことで、職務能力は指導や経験、本人の努力によって向上させることが可能だが、心身のタフネスはある程度その人のもつパーソナリティにも拠るため、a氏は「社内で習得するのが難しいスキル」だとした。インタビューでa氏は、「重要度においても心身のタフネスが一番であると言えるのではないか」と述べた。

また一般的に、海外駐在員の仕事は「マルチタスク」であると言われるが、a氏によると同社の海外駐在員は皆、海外に赴任することで「視野や守備範囲、マネジメント範囲が拡がって帰ってくる」といい、ゼネラリストとしての素養は、むしろ経験することで磨かれるスキルであることが判る。しかし人選の段階では、自身の専門分野以外のことにも関心をもち、取り組むことができるような人物は社内に少ないという悩みも同時に抱えている。

〈A社における海外事業要員の確保〉

A社における海外事業要員の主な需要は今後の海外赴任要員を指し、またその選定においては心身のタフネスやゼネラリスト的な素養といった社内で習得することが困難なスキルが重視されることから、a氏は、外部人材市場から調達することが適切であると考えている。

現在A社の海外ビジネスで活躍している人物を具体的に挙げてもらうと、それは全て海外事業要員として経験者採用した人物であった。

A①氏（30代）

理系大卒、材料から成型、製造、品質まで幅広い工程の経験をもち、英語力も有する。入社4～5年の経験を経て現在フィリピン拠点に赴任している。

A②氏（70代）

大手企業で海外拠点経営の経験をもち、定年退職後にA社に入社し、総経理として中国拠点に赴任した。

同社には、恒常的に開発、生産等の経験者採用需要があるが、近年の募集において、a氏は面接時に必ず海外勤務に対する意向を確認することにしており、「行きたくない」と答える人材を採用することは絶対にないという。また海外勤務の意思を持つ人物は「行きたい」と答えるものであり、「行けます」「指示があれば行きます」と答える人物の海外勤務意向は疑わしい、という独自の判断基準を有している。

同社では2年前から外国人材採用を始めており、現在2名の外国人材が在籍している。それぞれ、生産管理と貿易の部門で事務的な仕事を担うかたわら、ベトナムから受け入れている技能実習生の世話役としての仕事も行なっている。彼らの就労ビザは1年更新であるため、次の1年も働くことができるように懸命に働く姿勢が社内で高く評価されているほか、日本人従業員にとっての異文化体験の機会にもなっており、a氏は今後も外国人材採用を続けていきたいと考えている。

A社において海外駐在を任せられるのは開発、製造、品質といった事業部門の人員であるが、a氏は管理部門の従業員にも積極的に海外拠点のマネジメントや意思決定に関りを持たせている。a氏自身も3ヶ月に1回程度の割合で海外拠点を訪問し、直接現地の状況に触れている。a氏は、このことが、海外事業における事業部門と管理部門の、また日本本社と海外拠点の一体感に繋がっていると考えている。

a氏は、海外駐在から帰任した人材のことを重要視しており、そこには二つの意義がある。一つは日本本社における海外事業の理解者・支援者としての役割である。実際にこれまで海外から帰任した人材は全て本社の各部署の要職を担っており、かつ全員が何らか日常的に海外拠点との接点をもっている。同社の事業展望は冒頭で述べた通り日本をマザー工場とした海外への技術展開であるため、現地の従業員や市場のことを熟知した人物が不可欠となる。

二つ目の意義は、A社における幹部人材の育成である。すなわち、前述のような事業展望と海外販売比率の高まりから、今後日本本社の成長は海外事業の成長とともにあると言っても過言ではなく、その意味で日本本社の経営を担う幹部人材には海外事業の知見は不可欠なものとなる。そのため同社の経営陣の中には、幹部候補と見込む人材には必ず海外赴任を経験させる、という明確なコンセンサスがある。そのため、常に現在の赴任者の後任の確保はa氏の中でも優先順位の高い職務に位置付けられており、適任者の採用、本社への適応、満を持した海外派遣、帰任後の活用、といったサイクルを回していくことが予定されているのである。

＜まとめ＞

◆A社のグローバル人材確保の要点

(1)経営陣の中で、海外事業の位置付けや展望、計画について明確なコンセンサスが存在した上で、それを実現するための条件としてグローバル人材の確保が重要であるという共通認識がなされている。
（2）その認識のもと、グローバル人材の確保に対してa氏にその責任と権限が明確に委譲されており、a氏はハンズオンでそれに取り組んでいる。
（3）幹部候補育成のプロセスに海外赴任が組み込まれていることで、A社の経営には確実に帰任者の経験やそこで身に着けたスキルが属人化することなくフィードバックされる。

◆グローバル人材の要件

―製造に関する知識・技術に加え、拠点経営・事業経営のスキル
―少々のことには動じない胆力（単に仕事ができることとは別の能力）
―ゼネラリストとしての素養（A社の技術者育成方針「多能工化」や海外での「マルチタスク」に堪え得る）
―将来的にA社の経営の一翼を担うに足る人物であること

◆グローバル人材の役割

―海外各拠点に出向して現地のビジネス、組織のマネジメントを行なうこと
―より付加価値の高い製品を生産・提供するための技術を本社から移管すること
―必要に応じて本社からの支援を獲得し、内外一体となった事業発展を図ること
―帰任した後はその経験を活かして日本から現地ビジネスの支援を行なうこと
―将来の経営幹部として必要なマネジメント経験、海外知見を積むこと

◆グローバル人材確保の課題

派遣に必要な能力を持つ人材の中で、「胆力」や「海外勤務の意向」を併せ持つ人物が少ない。海外派遣候補者はみな国内事業においても欠くべからざる人物であり、海外に赴任させると国内事業に支障が出る。よって現時点では比較的即戦力となりそうな人材を外部人材市場から調達している

海外駐在員の採用・定着に社長自らがハンズオン

B社

自動車部品製造／従業員：100～300名未満／本社：東海地区
海外進出：2010年代～／海外拠点：インドネシア
回答者　：代表取締役社長b氏

＜B社の海外事業＞

B社は東海地区に本社を置き、主に自動車部品メーカー向けにゴム製品を開発・生産・販売している。同社は、2000年代後半に取引先からの強い要請によって海外進出の検討を始め、生産コストや現地市場の成長可能性などの観点からインドネシアを選択し、工場を構えた。創業家出身で、現在代表取締役社長を務めるb氏は、

当時社長に就任する前であったが、内心、自身の代も成長を続けるためには海外進出が不可欠であると考えていたこともあり、先代社長の意思決定を歓迎した。

進出にあたっては、自らが現地法人社長として現地に赴き、ともに赴任した生産技術や工場の運営に長けた50代のベテラン社員とともに現地法人と事業の立ち上げを行なった。

現地の市場は、同様の部品メーカーの進出が過多であったせいか、当初は売上が進出前の見込みほどは伸びなかったが、日本国内での大型受注に対して現地の豊富な労働力を活かして応える、というモデルを軌道に乗せ、既に日本本社の従業員数の2倍以上となる規模まで現地法人を拡大した。

〈海外事業要員に求めるもの〉

B社における海外事業要員の必要性は、すなわちインドネシア現地法人への派遣要員であった。要員選定に際し、最も重要視するスキルは「生産拠点（工場）のマネジメントができること」である。このスキルは現地法人の発展段階によっても異なり、b氏自らが赴任した立ち上げ期には、（ⅰ）工程の設計ができること、（ⅱ）財務的な視点を持てる（投資に対する金銭感覚がはたらく）こと、（ⅲ）工員や工場そのもののマネジメントができること、が重要であったとし、またある程度経営が安定した現在においては、「現場と財務諸表から問題を発見し、日本とのビジネス構造の違いをよく理解した上で解決の〝力点〟を特定できること」であるという。

また社内（日本本社）で良好な人間関係を築き、必要に応じて支援や理解を得ることも重視されている。前者（マネジメントのスキル）は日本国内の工場で管理職として実績を上げた人物しか持ち得ないためそもそも候補者が少ない上に、b氏は、「海外で働きたい、住みたい」という意向を明確に持つ者しか海外に派遣しない、という方針であるため、海外派遣要員の確保は必然的に外部労働市場にそれを求めることになる。現に、現在インドネシアに赴任している3名の駐在員のうち、2名は「インドネシア駐在要員」として中途採用した人物で、入社後2ヶ月程度でインドネシアに赴任している。そこから考えると、社内で良好な人間関係を築き支援や理解を得ることができる、というスキルが重視されることがよく解る。それはすなわち、b氏が中途採用面接で最も慎重に見極めるところでもある。

＜B社における海外事業要員の確保＞

上記の通り、B社における「グローバル人材」確保は、現状ではほぼ中途採用に依存しているが、将来に向けてb氏は計画的なグローバル人材育成を構想している。それは、20～30代の若手社員をトレーニーとしてインドネシアに派遣することであり、そこには、①若手社員に対して海外勤務への関心を促す、②海外生活への適性を見極める、という二つの目的がある。

背景には、現在インドネシア現地法人の社長を務める人物を選定した際の経験がある。この人物は、b氏がインドネシアに赴任している時に、出張で約1ヶ月間を現地で過ごしたのだが、b氏はその際に彼が積極的に現地人材とのコミュニケーションをとる様子を見て、海外適性ありと判断したのである。

同社は今後、日本では工法の検討や自動化などを進めることでより付加価値の高い部品の開発・製造を行ない、インドネシアではローテクで労働集約的なビジネスを行ない量的拡大を図る方針だという。従って、今後も現地に派遣する人材に加えて、日本本社側から現地ビジネスを支援する人材の必要性も生じ始めている。その必要性に応じて現地に出張する人の中から、将来のインドネシア駐在員が見出されることは間違いない。

また、「海外で働きたい、住みたい」という意向を明確に持つ者しか海外に派遣しないという方針にも意図がある。それは、会社の命令でしぶしぶ赴任した人は、うまくいかないと得てして不満を口にするようになるが、自ら志願して赴任した人は楽しそうにいきいきと仕事に取り組むだけでなく、その様子が国内の従業員に伝わることで海外勤務に関心を持つ従業員が新たに現れるというのである。これこそ、スキルや経験値では適任者はいるが「行きたい」という意欲を持つ人材が少ない、という多くの企業に共通する課題を解消する、単純だが有効な一つの方法であると言える。

b氏は、今後具体的な計画こそないものの、海外事業比率は高まっていくと予想しており、それに伴い海外事業要員の需要も増すと考えている。その際、前述したように駐在員としてインドネシアに派遣する要員やその後任が次々と必要となることに加え、日本本社から現地を支援する体制を充実させる必要もある。そして、その仕事（支援業務）を担う適任者はインドネシアからの帰任者であるとb氏は考えている。

もし、現地で一定の成果を上げて帰任した人物がその後も引き続き現地の支援に当たれば、後任駐在員はもちろん現地スタッフにとってもそれは心強いことである。b氏は、現任の駐在員にも既に帰任後にその役割を担ってもらうことを伝えることで、残りの赴任期間を目的をもって務めるよう促すとともに、帰任後のモチベーションの低下を防いでいる。

〈まとめ〉

◆B社の海外事業要員確保の要点

（1）入社後すぐにインドネシアに赴任することを明確にすることで中途採用市場から海外駐在意欲の高い人物

を採用している。
(2)必然的に不足する社内コミュニケーションを社長自らがハブとなって促進し、円滑な関係を築いている。
(3)信念をもって、意欲重視で海外駐在要員を選任している。
(4)帰任後の役割を明確にし、それを伝えることでモチベーションを維持し、貴重なグローバル人材の流出を防ごうとしている。
(5)今後のグローバル人材需要の増加に対しては、海外トレーニーを積極的に派遣することで、計画的に内部労働市場からの確保を進めようとしている。
(6)そもそもb氏自身が国際経験豊富で、必要な人材(能力や資質等)について熟知している。

◆海外事業要員の要件

—(i)工程の設計ができる、(ii)財務的な視点を持てる(投資に対する金銭感覚がはたらく)、(iii)工員や工場そのもののマネジメントができる
—現場と財務諸表から問題を発見し、日本とのビジネス構造の違いをよく理解した上で解決の〝力点〟を特定できる
—海外で働くことに対する明確な意欲をもっている

◆海外事業要員の役割

—海外現地法人に駐在して現地ビジネスの推進およびそれにまつわる各種問題解決を行なう
—現地で一定の成果を上げて帰任し、その後は日本から現地の支援を行なう

◆グローバル人材確保の課題

赴任要件（工場で管理職として実績を上げた、加えて海外勤務に意欲がある）を充たす候補者が社内に少なく、海外駐在要員の確保は必然的に外部労働市場から確保することになる。b氏は、「人材採用こそが自身にとって最も重要な仕事である」と明言している。それだけでなく、在籍期間の短い中途入社者が社内で良好な人間関係を築き、現地赴任後に円滑な業務運営を行なうことができるよう、自らが積極的にハブとなってコミュニケーションを促進している。現地にも3ヶ月ごとに出張し、「自分に何でも話してくれる関係を作っておく」（b氏）ことに時間とエネルギーを費やしている。それは、直接的な効果に加えて、その中途採用や、そもそも海外事業自体が「社長の肝入りであること」を社内に知らしめる意図もあるという。一方で今後の海外事業要員需要の増加に対しては、海外トレーニーを積極的に派遣することで、計画的に内部労働市場からの確保も進めようとしている。

C社

化学品輸出入販売／従業員：100～300名未満／本社：関東地区
海外進出：2000年代～／海外拠点：中国、シンガポール
回答者　：総務部長 c氏

＜C社の海外事業＞

C社は首都圏に本社を置き、主に化粧品、医薬品原料の製造・輸出入・販売を行なっている。同社は、約40年前に化粧品原料の輸出、輸入を始めた。特に輸入ビジネスは、当時の化粧品原料規制が今に比べて厳しく、海外製の原料を用いた化粧品の生産が困難であった時代に、海外メーカーに代わって承認申請手続きをするなどして果敢に海外製品を日本市場に持ち込み、それと並行して国際基準とのハーモナイゼーションの推進にも尽力するなど、開拓的な活動であった。C社は率先して欧米の技術者協会等で積極的に活動する一方、語学力を有する人材の採用や、社員への英会話教育によって、自社のバイリンガル人材を増やしていった。

＜海外事業要員に求めるもの＞

C社における海外事業要員の主な役割は、海外販売を行なう営業やマーケティング、海外製品の買い付け、すなわち購買を行なうことである。外国語ができることは必要条件ではあるが、それ以上に同社の理念や競争優位をよく理解し、職務でよく体現できることが重要であるというのが人事部門を統括するc氏の考えである。C社の事業は、新規性が高く、かつ永く使い続けてもらうことができる製品を作り、日本企業らしいきめ細やかなサービスによってユーザーに届けることで他社との差別化を図る、というものである。よって、ユーザー、ディストリビューター、仕入先と心を通わせて自社の考えに共感を得る「コミュニケーション能力」が成果を上げる上で不可欠となる。

また「別の部署でも活躍できること」（c氏）という意味で、「ゼネラリストとしての素養」が重要だと考えられている。C社では従業員に対して全体との関わりを意識して自分の仕事に取り組むことを求めており、その意識を促すために行なわれる社内異動を許容し、それに適応することが求められている。

＜C社における海外事業要員の確保＞

C社では前述の通り、経営者の意向で早くからバイリンガル人材の採用、育成が行なわれているが、それに加えて約40年前から外国人材の採用が行なわれている。同社の外国人材採用は、海外にまで出向いて行なわれるもので、海外営業だけでなく、バックオフィスにも海外で採用した人材が在籍している。

海外、国内とも、候補者の募集は人材紹介会社を通じて行ない、面接では、前述のような事業に対する思いを「語る」ことを重視しており、それに共感した候補者が入社に至る。この「語り」は人材紹介会社に対して候補者の推薦を依頼する場面でも行なわれており、その結果、日本文化を好む人材や日本企業で働いたことがある人材の応募が多い。また、採用した外国人材が長く定着しているのもC社の特徴であり、c氏は、その原因の一つとして社員寮の存在を挙げる。同社の社員寮は入社後3年間利用することができる福利厚生施設であるが、入社が決まり来日した外国人材もそこに住まうことになる。日本での生活に慣れない外国人材にとって安心であることに加え、そこでは必然的に入寮者とのコミュニケーションが生まれ、お互いが外国語力を習得する助けにもなる。ちなみにこれまで同社に入社した外国人材の中には、もともと日本語が全く話せなかった人材も多い。

〈まとめ〉

◆C社の海外事業要員確保の要点

(1)同社の中では、事業における国内と海外の境界がことさらに意識されておらず、〝海外事業〟が日常の中にある。

(2)早くからバイリンガル人材の採用を行ない、社内での語学研修も永く続けられていること、また多くの外国人材が活躍していることなどから、日本人従業員にとって外国語の必要性を認識しやすく、かつ学ぶ機会を得やすい環境である。

(3)外国人材の採用を、わざわざ海外に出向いて行なうなど、本気度が高い。

(4)外国人材の採用にあたっては「語り」を重視し、経営思想に対して共感した人材が入社している(丁寧な採用)。

(5)過去の実績が、「語り」の説得力を高め、入社意欲や入社後のエンゲージメントを高めることに繋がっている。

(6)社員寮の存在が入社直後の外国人材の順応を助けており、定着に向けてよいスタートを切ることができる。

また外国人社員との密接な繋がりが日本人社員にとっての貴重な異文化体験となっている。

◆海外事業要員の要件

—外国語は必要条件で、それ以上に同社の理念や競争優位をよく理解し、職務でよく体現できること
—ゼネラリストとしての素養（異動を許容し、異動先部署でも活躍できること）
—ユーザー、ディストリビューター、仕入先と心を通わせて自社の考えに共感を得る「コミュニケーション能力」

◆海外事業要員の役割

—海外販売を行なう（営業やマーケティング部門）
—海外製品の買い付けを行なう（購買部門）

◆グローバル人材確保の課題

C社では経営者の意向で早くから外国人材を含むバイリンガル人材の採用、育成が行なわれている。採用にあたっては日本国内にこだわらず、海外でも果敢に採用を行なっている。一方、採用した外国人材を社員寮に受け入れて日本人社員との融合を進めるなど、長い年月をかけて採用・育成・活用・定着化のノウハウを積み重ねてきたことがわかる。また国際経験豊富な社長の存在も大きく、c氏は特に課題を口にしなかった。

海外駐在要員が潤沢でないからこそ、赴任辞令は1年半前に

D社

自動車部品製造／従業員：100〜300名未満／本社：東海地区
海外進出：2010年代〜／海外拠点：中国、メキシコ
回答者　：総務部長d氏

〈D社の海外事業〉

D社は、主に自動車部品メーカー向けに金属加工部品を開発・生産・販売している。同社は国内の主要大手顧客の要請に従い2000年代から海外進出を始め、中国、メキシコに合弁で生産拠点を設けている。メキシコへは当初、マイノリティ出資で進出したが、紆余曲折の後に80％の株式を保有する最大株主となった。メキシコへは現地社長をはじめ4名を、また最大株主ではない中国拠点へは技術移転を行なうための要員として技術者1名を派遣している。同社の海外生産は、「日本の生産量の10分の1くらい」（d氏）というが、中国、メキシコとも今後の中期計画では生産規模を拡大していく予定である。なお今のところ新たな国への進出予定はない。

〈海外事業要員に求めるもの〉

D社において海外事業要員が主に担う役割は、海外拠点へと出向して現地のビジネスを推進するとともに現

地スタッフに対して日本本社の技術を移管することである。現状では、特にメキシコで立ち遅れている金型の修理に関する技能や知識を伝承するため技術者がその役割を担うことが多いほか、先に進出した中国においては生産設備の保全や品質管理など幅広い知見を有する社員がマネジメント要員として派遣されている。また、メキシコに対しては長期で赴任する出向者(駐在員)とは別に、5ヶ月単位で2名の出張者を交替で派遣している。

そんなD社における海外事業要員の要件は、中間管理職として製造、保全などの各機能組織のマネジメントを行なう能力をベースに、自身の専門技術を現地の人材に「言葉で教えることができる」(d氏)能力を有することである。ただこれに対して、現在派遣している出向者の多くはその基準を満たしていないという。その理由としてd氏は、従業員に対してマネジメント力を身に着ける訓練をしていないこと、また指導に際しては言葉よりも自身の仕事(技術)を見せて教えるタイプの人がほとんどである点を挙げる。

また、「言葉で」教えることが困難な大きな理由として外国語の問題も大きい。これに対してd氏は、それが単に外国語力(中国語、スペイン語)の欠如に因るものではなく、日本人特有の「あいまいな伝え方」、さらには相手が理解していないことに気付かずに放置することにこそ問題があるとし、そのことを指してマネジメント力(指導性)の欠如であるとしている。

一方で、海外でマネジメント経験を積んで帰任する人材は、幅広い役割や、自身で様々な意思決定をした経験から、成長して帰国するといい、海外駐在員派遣は本社のマネジメントの育成に寄与している。

＜D社における海外事業要員の確保＞

現状のD社において、海外拠点に派遣する候補人材は「底をついている」(d氏)。それは、前述のようなマネジメントスキルを有する人材がそもそも少ない上に、「エース」（d氏）を選んで派遣するがゆえに、後任としてその代わりが務まるような人材は、ますます探すのが難しいというジレンマに陥っているからである。古参の従業員においては、特に海外勤務に対する抵抗感が強いことから、最近の技術者の中途採用面接では必ず長期的には海外出張の可能性があることを明言して意思確認を行なっているが、国内の人手不足から海外意向や語学力に関係なく採用せざるを得ないため、グローバル人材を増やすことはできていない。

これに対してd氏は、海外出向予定者に対して、できるだけ早めに決定・発表を行ない、実際に赴任するまでの間に余裕をもってその準備や不足する能力の養成に努められるようにしている。具体的には来春メキシコに赴任予定の人材には赴任の1年半前に正式な辞令を出している。

また、メキシコからの帰任者の中には現地でスペイン語を習得して帰国した人材が3名おり、必要に応じて現地との窓口を務めている。今後出向、帰任を繰り返していく中で、この3名のような本社と現地拠点の結節点となるような人材が徐々に増えていくことをd氏は期待している。

〈まとめ〉

◆D社の海外事業要員確保の要点

(1)大手顧客に随伴して海外に進出したことで比較的安定した受注が見込めるD社において、海外ビジネスの課題は営業よりも技術面に集中しており、熟練の技術者こそが海外事業要員の候補となる。

(2)その上、外国語力まで兼備する人材を確保することは事実上不可能であるため、D社における海外事業要員の要件に「外国語力」は含まれない。しかし、たとえ通訳を介するとしても、技術移管やマネジメントを行なう対象が外国人であることを充分に踏まえたコミュニケーションをすることは、同社が海外事業要員に強く求めるところである。
(3)決して潤沢とは言えない海外派遣要員に現地で成果を出させるための準備として、赴任より1年半も前に辞令を出すことで不足する能力を養うための時間的余裕を与えている。
(4)海外駐在から帰任した人材は、それなりに現地の言葉を習得しているため、連絡窓口として本社と現地の結節点となっている。

◆海外事業要員の要件

—金型の製造、保全、品質等の技術や知識が豊富であること
—高い指導力をもつこと(日本人とは異なるコミュニケーション特性をもつ現地スタッフに対して、〝やって見せる〟だけでなく、〝言葉で指導する〟ことができること(外国語力については問わない)

◆海外事業要員の役割

—現地トップの他、製造、保全などの技術移管や問題解決を行なうために中国、メキシコ拠点に派遣される
—交替で長期出張(5ヶ月)を行ない、金型の修理・保守に関する指導を行なう(金型技術者)

◆グローバル人材確保の課題

D社において「グローバル人材」が担う役割は主に海外への技術移管や現地の問題解決のために現地に赴任、または長期出張することであるが、同社のもつ金型の高度な技術は一朝一夕に移管できるものではなく、当分

はこの体制（駐在員や出張者への依存）が継続される見込みである。さらに、中国で企図しているビジネス領域の拡大がなされれば、新たな技術者の派遣の必要性も生じるため、今後もD社においてグローバル人材の需要が減ることはない。技術力、マネジメント力に加えて外国語力までを兼備する人材を恒常的に確保し続けることは事実上不可能であるため、敢えて採用段階では語学力を求めることはせず、技術要件重視の採用を行なう中で、一定の割合で現れるマネジメント適性を有する人材に海外経験を積ませることでグローバル人材に育てようというのがd氏の考えである。

技術提携先の海外企業はエンジニアの武者修行の場

E社

産業機械製造／従業員：300～500名未満／本社：関西地区
海外進出：1980年代～／海外拠点：中国、タイ、インド、北米ほか
回答者　：総務本部　副本部長　e氏

〈E社の海外事業〉

E社は、主に化学、医薬品メーカー向けの産業機械を開発・生産・販売している。世界でも最先端の技術を持つ同社は、1960年代から同じく先端技術をもつ欧州各国の企業と積極的な技術提携を行ない、そこに本社の技術者を派遣することで技術力をアップデートしてきた。1980年代には欧米のメーカーを買収して現地での生産・販売機能を手に入れ、また1990年代からはアジア各国に自前の販売拠点を開き、現地市場の開拓を行なっている。これらE社の海外進出は、当初は日本国内のユーザー企業が国内で利用する同社の機械を進出先国の工場でも使いたい、という意向に従うものだったが、近年は徐々に各国現地企業への販売も増加しており、それに従い進出先もASEAN、西アジア、中東などに拡がっている。

＜海外事業要員に求めるもの＞

E社において海外事業要員が主に担う役割は、海外拠点へと出向して現地拠点のマネジメントやビジネスの推進を行なうことである。現地トップとして派遣されるのは本社の執行役員かそれに準ずるクラスの人材、一方、営業や技術（サービスエンジニア）としては本社の課長クラスの人材が派遣される。e氏は、現時点での海外駐在員にとっての最も大きな使命は「ナショナルスタッフを育てる」ことにあるという。e氏は「現地の会社に日本人が行ってセールスやったからって、ものすごく現地語がうまかったとしても現地の人が行くのとどう違うかというのがあると思うんですね。だから私どもの会社の技術だとか特長をしっかり理解してもらって現地の方で営業してもらうというところに非常に期待してます」と現地スタッフの成長に期待を寄せているが、先端技術を用いた同社の製品は、販売をする上でも一定の技術的知見が必要になることと、納品後のアフター対応にも適切な初期対応を行なう能力が求められることから決して簡単ではない。さらには現地人材の離職率の高さについても「いくら育てても辞められてしまうとまた日本人が行ってトレーニングしないといけない」と当面は日本人駐在員の派遣を続けなければならない理由を話した。

海外事業要員の要件として「マネジメント力」や「技術力」が重要な理由は、前述のようにE社のグローバルビジネスにおける優位性は同社独自の高い技術力にあることに拠る。一方、外国語力については、過去、希望者全員に対して英会話学校の受講料を会社が負担するという制度で育成を図ったがほとんど目に見える成果が出なかった、という体験を通して困難さを実感した。

また、海外駐在員を選定する際の考え方として、e氏は、「もともとの仕事ができる能力と、語学力と、それから本人の性格もありますよね。やっぱり海外で生活してもらうっていうのはかなりご苦労をかけることになると思いますから、タフさというかそういったものも必要になりますんで、この三つのどれが欠けても駐在にはもっていけないですよね」とした上で、実際問題としては、「仕事ができてタフさがあっても語学ができない人にどうやって語学力を身に着けてもらい、どうやって海外赴任に対する動機付けをするか、というのがテーマですね」と話した。

一方、各拠点の発展段階に応じて教えることは異なる。例えば、最近進出したタイではE社の製品や仕事の流れを中心に教えているのに対し、既に進出から15年近くが経つ中国では、現地人材を中心に「中国市場で他社に勝つためには」を考える主体性を育成している、というようにである。それに伴い海外事業要員の要件も「教えることができる」ということから、「その国の状況を踏まえて、意見を引き出し、ともに考えることができる」、へと変化しているという。

〈Ｅ社における海外事業要員の確保〉

ｅ氏は、様々な事情を考慮した上で、若いうちに出張や研修などで海外を経験し、そこで順応した人が海外事業要員（海外駐在員）の候補であると考えている。現に、今、海外子会社に現地トップとして派遣している駐在員のほぼ全員が、かつて欧米の技術提携先に研修等で赴任した経験をもつ人材である。そのような人材は現在国内外に約10名いるが、問題はそれらの人材がすべて50歳以上と高齢化していることである。これに対し、近年は新卒採用で積極的に英語ができる人材を採用している。面接でも将来的な海外出張や海外赴任の期待を伝えているが、その弊害として、新卒で入社した社員が入社半年や1年後には「早く海外に行かせてほしい」と次々と総務部に駆け込んでくるようになったこと。前述のように、「仕事ができること」が海外勤務の大前提であるため、半年や1年では到底出張すらさせられないが、海外志向の強い人材を採用していることで、逆に社員側に不満を抱かせていることに対してｅ氏はジレンマを感じている。

〈まとめ〉

◆Ｅ社の海外事業要員確保の要点

（1）過去に欧米の技術提携先に対して積極的に技術者を派遣し、交流を促していたことで、現時点においては海外駐在員を円滑に選定・派遣できている。

（2）「仕事の能力・タフさ・英語力」のどれが欠けても海外駐在は任せられない、との信念に従い、社員の英語力育成にも積極的に投資を行なってきた。

（3）一方で、40～50代の社員が新たに英語をマスターすることが相当難しいことを経験を通じて学び、予め英語力を有する人材を新卒採用するという方針に切り替えた。

◆海外事業要員の要件

―トップとして海外現地拠点のマネジメントを行なうことができる(本社の執行役員クラスの要件)

―E社のことやE社の製品を熟知した上で、現地人材に営業や技術を教えることができる(課長クラスの要件)

―指導に際しては現地事情を受容し現地人材の自主性を促す指導ができること(「その国の状況を踏まえて、意見を引き出し、ともに考えることができる」(e氏))

―英語力は不可欠

◆海外事業要員の役割

―主にアジアの拠点に駐在し、①経営マネジメントと、②現地人材の指導、③アフターサービスを行なう。

―発展段階に応じた指導を行ない、アジア各拠点における現地人材の自立化を進める

―欧米の子会社や提携先と技術交流を進める

◆グローバル人材確保の課題

先端技術情報(経営リソース)を獲得するための欧米企業との提携や合弁が、結果的に海外事業要員の創出に結びついている。技術研修で海外耐性を身に着けた社員が、帰国後に再度マネジメントとして他国に赴任するようなよいサイクルが回っている。現在、その取り組みによってプールされた約10人のうち4人が海外に赴任し

ており、残りの6人もすぐに海外赴任ができる状態にスタンバイされている。但し、これらの人材は全て50代で、若手層にプール人材が不足していることは問題。

また、買収先を含む海外子会社各社とのシナジー効果を生み出すためにはもっと相互交流を増やす必要があると考えており、そのためには日本本社の従業員の中に、英語力を有する社員をもっと増やさなければならないとも考えている。現状、TV会議システムを使って会議を行なっても、日本側の参加者のうち1人しか英語ができる人がいなければ、結局コミュニケーションはその人だけしかできないこと、また英語ができる技術者がいたら、欧米の買収先企業の技術者を日本に招いて技術交流を行なうことで技術開発を促進することができると考えている。この課題は新卒採用で英語力を要件に加えたことで徐々に解消されつつある。

最先端の技術・知見を求めて設けた欧州の開発拠点は人材獲得の基点にも

F社

ソフトウェア開発／従業員：１００名未満／本社：東海地区
海外進出：２０１０年代～／海外拠点：ドイツ
回答者　：代表取締役社長　ｆ氏

＜Ｆ社の海外事業＞

Ｆ社は主に自動運転に関連するソフトウェア開発を行なっている。自動運転の市場は米・欧・中が先端であり、Ｆ社の事業を拡大するためにはこれらの国々にある限られた企業との取引きを行なうことが不可欠である。同社では米国と欧州で顧客獲得活動を行なうほか、欧州に拠点を設けて技術者を派遣している。欧州に技術者を派遣している目的は、最先端技術や技術者が集積する地域に人を派遣することで、より最先端の技術情報を入手し易くするためである。逆に、国内の技術要員は国籍に関係なく雇用しており、既に中国、ベトナム、ドイツ、ロシアなど多様な国籍の技術者が働いている。社長のｆ氏は、リモートワークが普及している中で、考え方としては「どこに住んでいる人でもよい」と考えているが、現状では給与支払いや対税上の問題から実現に至っていない。

〈海外事業要員に求めるもの〉

国境や国籍を越えてビジネス展開、人材確保をする同社における海外事業要員の要件についてｆ氏は次のように語った。「言われたことを無難にこなすタイプの人材は要らない。自ら課題を解決したり提案できる人材が必要。また外国人と仕事をしようと思えば自分の意見を主張できることが不可欠で、日本人にはそれができる人は少ない。それは社会活動などリーダーシップを養う機会が少ないことに起因する」。すなわち、様々な国籍や背景をもつ人が集まる組織において、人やプロジェクトをリードする資質を求めており、それを有する人材が非常に稀有であることからｆ氏は確保の難しさを実感している。

〈Ｆ社における海外事業要員の確保〉

先述したように積極的な外国人材採用を行なっており、既に中国、ベトナム、ドイツ、ロシアなど多様な国籍の技術者が働いている。考え方としては「居住地・国籍不問」で優秀なＩＴ技術者を採用したい意向である（現実的には拠点を有する国でしか確保できないが、現に進出先のドイツで日本本社勤務のロシア人を採用した実績がある）

〈まとめ〉

◆Ｆ社の海外事業要員確保の要点

（１）考え方としては、国籍・国境に関係なく優秀な人材（先端ＩＴ人材）を採用したいと考えられている（物理的な距離の制約を受けない）

(2)一方で、最先端の技術情報が集積する欧州に物理的に拠点や人を置くことで得られる情報に価値を見出しており、日本国内で行なうこともできる開発業務の要員を敢えて欧州に置いているのは、同社の人員配置の一つの特徴と言える。

(3)同社のビジネスは、社内的にも異なる国籍のメンバーが日常的に協働することが想定されており、異文化の中で埋没せず考えを主張した上で、組織やプロジェクトをリードできるマインドや能力が求められている。

◆海外事業要員の要件

—異文化の中で埋没せず考えを主張した上で、組織やプロジェクトをリードできるマインドや能力
—言われたことを無難にこなすのではなく、自ら課題を解決したり提案できること

◆海外事業要員の役割

—最先端技術や技術者が集積する地域で、より先端の技術情報を入手し、人脈を築くこと
—しかし同社のビジネスは世界中から最適なリソースを集めて行なうものであり、全従業員が海外事業要員と言える

◆グローバル人材確保の課題

F社が求める海外事業要員は、ITに関する高度な知見を有する上に、様々な国籍や背景をもつ人が集まる組織において人やプロジェクトをリードする資質に長けた、そもそも極めて稀有な人材である。それゆえに社長のf氏は開放的な姿勢で積極的に人材との出会いの場を設け、採用の門戸を開いている。

半年に一度の「人事委員会」で次期海外駐在員を選定、派遣ポストと候補者は常に可視化

G社

機械工具販売／従業員：500～1000名未満／本社：東海地区
海外進出：2000年代～／海外拠点：北米、欧州、ASEAN、西アジア
回答者　：取締役　g氏

〈G社の海外事業〉

G社は主に自動車部品メーカー向けに機械や工具の販売を行なっている。同社の海外事業は、1980年代後半から主要取引先の海外進出に随伴する形でアメリカに生産拠点を構えたのが始まりで、その後、ASEANや欧州にも進出している。現在、同社の海外販売比率は25～30％。なお進出先でのビジネスは約95％が現地または第3国の日本企業向けに行なわれている。

日本国内で販売するものも最終仕向地が海外であることも多く、同社ではそれも含めて海外販売は更に増え続けると見込まれている。そしてそれに伴い本社で海外事業に関わる社員の数も増加すると、自らも北米、欧州への駐在経験を有するg氏は予想している。

〈海外事業要員に求めるもの〉

同社における海外事業要員の役割は、各国拠点に出向してマネジメントや事業の推進を行なうことと、日本

本社から海外各拠点の活動を支援することである。g氏は海外駐在員に求められる要件を、「現地社員を束ね、営業の指導をすることで業績を上げることができる」とした。それはすなわち、①製品や技術の知識と②指導性、そして指導をする上で必要な③英語力、の全てを兼ね備えていることを表す。g氏は、現地ナショナルスタッフが日本人駐在員に最も期待していることは、「売り方とかどんなものが売れるのかを教えてくれること」(g氏)であり、その期待に応えられなければ現地での存在感はたちまち薄れてしまうという。そして過去の事例では、英語が堪能でも十分な指導性が発揮できなかったケースもあれば、ほとんど英語ができないにもかかわらず的確な指導をすることで現地人材の信頼と尊敬を集めた人物もいるという。また海外における同社の営業は、日本人駐在員、現地スタッフ、顧客の日本人駐在員と現地人スタッフ(購買担当者)の4者が情報を共有しながら進めていくスタイルであるため、語学力を有するとともに開放的な性格であることが望ましいという。

g氏は、海外駐在要員としての資質の有無を科学的にも検証しようと試みている。それは同社が全社員に対して実施している性格検査の結果と、海外派遣時のパフォーマンスを紐付けて分析する、というものであり、g氏は、これまでの結果をもとに、「身体性」(活動性)が高い、「モラトリアム傾向」が低い、という特徴が海外での成功に結び付いているようだ、との仮説を立てている。

なお、パフォーマンスが優れない派遣者については、g氏と各国トップとの密なコミュニケーションの中で早めにそれを検知し、派遣から1年以内にその適性を判断して帰任をさせるようにしている。

〈G社における海外事業要員の確保〉

G社では、今後も30代(ミドルマネジメントクラス)の優秀層が次々と海外に派遣されるという見通しに基き、

「英語、海外にエッジを利かせた採用」（g氏）を行なっている。採用ブランディングでも「海外事業展開」を強調し、選考においても語学力を重視していることで、TOEICの点数が高い人材を次々と採用することに成功している。

その一方でg氏は、「新卒で英語力や留学経験を持っている人を採るようにしていますが、TOEICの点数が高いだけでは採らない。やはりわれわれ専門商社としては、気持ちだとかハートが熱いところとか、コミュニケーション能力っていうのは非常に必要で、論理的に喋るとか人に訴えかける力とか、そういったものが必要だと思いますので、〝英語ができないが営業はできる人間〟と〝英語はできて営業ができない人材〟だったら、現地のローカルスタッフが欲しているのは間違いなく前者で、逆だとローカルスタッフからは評価されないというところがあるので、そこはズレないように採用活動をしているつもりです」と、あくまで人物本位の姿勢と、国内で成果を上げた人を海外に送る、という姿勢を保っている。

一方、経営管理を行なう人材（国内で海外子会社の収支や財務を管理する人材を含む）は、社内でその即戦力となる中堅層が不足しているため外部採用に依存するしかなく、人材紹介会社を使って海外を熟知した人材を採用している。

また、海外子会社にトップとして赴任する人物には、必ずその前に一度海外赴任を経験させ、なおかつ帰任後に一定期間日本国内勤務をさせた上でトップとして派遣するという暗黙のルールが形成されている。

そして海外駐在員の選定は、g氏が主催して半年に一度開催される「人事委員会」において全経営陣が合意のもとで行なわれる。そこでは時に、「出す」「出せない」と管掌部門ごとの事情でせめぎ合いが起こることもあるが、半年ごとに海外駐在の後任ポストと交代時期、駐在要員やその候補が可視化、共有されることに大きな意義がある。

〈まとめ〉

◆G社の海外事業要員確保の要点

（1）「海外、英語にエッジを利かせた採用」でグローバル人材の母数を確保し、機会を与えて適性を判断している。

（2）現地と人事の間で密なコミュニケーションを行ない、適応できない派遣者は早期に帰任させる意思決定を行っている。

（3）「人事委員会」を定期開催し、グローバル人材とそのポストについて全役員で認識を共有している。

◆海外事業要員の要件

―①製品や技術の知識、②指導性、③英語力、の全てを兼ね備えていること

―具体的な「売り方」を教えて現地人材の信頼を得ることができること

―共有した情報をもとに現地人材と協働できる開放的な性格であること

―身体活動性が高く、モラトリアム傾向が低いこと

◆海外事業要員の役割

―積極的な関与によって現地人材の能力と意欲を高める

―必要に応じて自己の責任と権限を行使して抜本的な施策を講じる

―それらを通して現地子会社の売上を上げる

◆グローバル人材確保の課題

G社におけるグローバル人材の課題は、絶対数の不足である。それは、30代の課長級の優秀どころが皆海外に赴任してしまい、国内組織が空洞化している、という問題となって現れている。近年は新卒採用で英語、海外にエッジを利かせた採用を行なって英語が得意な人材の採用に成功している他、海外拠点の経営管理を行なう人材を経験者採用で補うなど積極的に海外事業要員確保を行なっている。

加えて、進出先の各国でビジネスをさらに拡大するためには、営業の前線に立つナショナルスタッフの育成と動機付けが不可欠である。海外駐在員には、自らハンズオンで営業活動を行なって見せることはもちろん、指導のプロセスで積極的にナショナルスタッフに関与し、売り方や提案内容の作りこみなどを指導することで「数字を上げさせる」(g氏)ことこそが使命となる。その際、例えば北米と欧州では社員の気質も異なるため、動機付けの要因も異なる、というようなことを理解した上で、営業上の施策だけでなく人事制度の見直しもするような広い視野をもってほしいと期待しているが現実的には難しい。

技術担当者の異文化コミュニケーション能力向上が事業の利益率を高める

H社

事務機器製造／従業員：1000名以上／本社：関東地区
海外進出：1990年代～／海外拠点：中国、タイ
回答者　：取締役 事業統括本部長　h氏

〈 **H社の海外事業** 〉

H社は大手機械メーカーの製造子会社である。同社の海外進出は、1990年代に国内で生産する機器のモジュール部品の生産拠点として、中国とタイに工場を設けたことが始まりである。近年は、アジアや欧州で他メーカーからOEM生産を受託する事業を新たに始めており、これまでとは異なる海外事業要員が必要となっている。今後、新たに始めたOEMビジネスを経営の第2の柱として育て、その分だけ海外売上を伸ばす、というのがh氏をはじめとする経営陣のコンセンサスである。

〈 **海外事業要員に求めるもの** 〉

同社における海外事業要員の役割は、OEMビジネス部門で、受託先顧客（海外メーカー）との商談の矢面に立ち営業、開発を行なうことである。そこで求められる要件とは、一言でいうと「異文化コミュニケーション能力」（h氏）であるという。それは例えば、設計した部品の形状をめぐって「何故ここがR（円弧状）になっているのか」

というような、設計の根底にある意図や想いを説明したり、またそれに対する相手の要望やその理由について、その製品によってユーザーに提供したい価値や、設計者としてのこだわり、時には「文化、思想レベル」(h氏)に踏み込んだ、〝想い〟や〝考え方〟レベルの議論をすることができるレベルを指す。

営業と開発がペアとなって受注活動をする上では、どちらかが英語ができればよい、ということではなく、それぞれの役割において高い英語力が求められるのである。一方、受注活動の効率化のために、開発担当者が1人で受注活動をすることがh氏の理想であり、営業部門に比べて高い英語力を有する人材が著しく少ない開発部門において、人繰りを難しくしている。

また最近は、時に相手との利害を調整するための交渉の矢面に立つ品質管理や品質保証の担当者にも、その交渉に堪え得る英語力が求められるようになっている。

＜H社における海外事業要員の確保＞

H社の技術者が前述の開発担当者として独り立ちする(主幹クラスの経験、スキルを習得する)までには15年程度の期間を要するという。多くの技術者を新卒採用で確保してきた同社において、15年以上前に採用した30代後半以降の技術者の中に英語力を有する人材は極めて少なく、h氏いわく「400人の技術者のうち10人くらい」だという。

既存事業では必要に応じて親会社からの出向者を受け入れたり、親会社の米国拠点にトレーニーを派遣することで短期、中期の要員需要を充たしてきたが、h氏が統括する新規事業で必要な人材は親会社にもいないため、h氏は部門の新卒採用では英語力を募集要件に加えるとともに、昨年、同事業部の海外要員としては初めて中途採用を行ない、短期の需要を充たした。

h氏が海外事業要員を確保することの意義は、海外顧客との商談の質と営業効率の両方を高めることである。すなわち、高い技術力と高い国際コミュニケーション能力を兼備する技術者が、営業の助けを借りず1人で受注活動を行なうことができる状況、組織を作るということである。さらには、そういう人材を増やすことができるかどうかが事業を拡大することができるかどうかにも直結する。

一方、H社の社長は親会社で通算20年以上の海外赴任経験をもっており、海外で活躍できる人物が必ずしももともと高い英語力をもっていたわけではなかった（英語力は後天的に身に着けることができる）という経験から、特に計画的な海外事業要員の確保に積極的ではないという。

〈まとめ〉

◆H社の海外事業要員確保の要点

（1）大手といえども新規事業部門で必要となるグローバル人材は必ずしも社内では調達できず、確保に苦戦する。

（2）母語の異なる技術者同士のコミュニケーションでは、図面と専門用語がお互いの外国語力の欠如を補うことはあるが、ユーザーの価値観や設計者の思想を擦り合わせる際のコミュニケーションでは、逆により高いレベルの英語力が求められる。

（3）英語ができる人が英語のできない人を補う構図のビジネスは、時に収益を圧迫し持続性を損なうことがある。

◆海外事業要員の要件

―開発者としてのスキルとともに、ユーザーニーズの文化的背景と自社製品の設計思想（こだわり）といった必ずしも図面や文書に表れない内容で相手と合意点にたどり着ける異文化コミュニケーション能力を兼備していること

◆海外事業要員の役割

―英語力、交渉力の面で営業担当に依存することなく受注活動を行ない、事業の経済性を高める

◆グローバル人材確保の課題

新卒採用の場面では、営業（文系）に比べて技術者（理系）に英語ができる候補者が現れることが少なく、英語ができる技術者の確保が慢性的な課題である。当面は英語ができる営業担当者とのペアで営業を行なうことで技術者の英語力不足を補っているが、効率が悪いというのがh氏の悩みである。

ひとつの事例として、文系の人材が営業の経験を経て企画部門を経験した後、「開発管理」という企画部門と開発部門の結節点となるような部署に異動して、そこで多少なりとも開発のことを理解し、その上で海外営業に起用された例があるが、その人物がもともと持っていたような多職種への適応力と英語力を同様に保持する人物の出現率は低く、再現性は高くないとh氏は考えており、当面は折に触れて中途採用を行なう予定である。

それに対し、社長ほか社内の関係者は英語力を軽視しているふしがあるため、h氏は自ら求人発注（人材紹介会社との打ち合せ）の前面に立ってハンズオンで即戦力の海外事業要員採用を行なっている。

〝経営現地化・自立化〟は、海外事情を熟知した経験者が本社にいてこそ

I社

自動車部品製造／従業員：1000名以上／本社：東海地区
海外進出：2000年代〜／海外拠点：北米、中国、タイ、インドネシア
回答者　：総務部長・i氏

〈I社の海外事業〉

I社は、大手自動車部品メーカー向けに金属加工部品を開発・製造・販売している。同社の海外進出は、2000年代初頭に主要顧客である大手自動車部品メーカーからの要請に伴いタイや中国に生産拠点を設けたところから始まる。その後、インドネシア、アメリカにも進出し、現在、総勢15〜16名の日本人駐在員が各国に赴任している。

駐在員に掛かるコストは嵩んでおり、今後はできれば派遣人数を減らしたいと考えていることから、現在の海外事業における最大の課題は、各現地子会社の「自立化」だという。

インタビューを行なったi氏は、過去にアメリカ拠点に赴任した経験をもち、現在は人事部門の責任者を務めている。

＜海外事業要員に求めるもの＞

I社における海外事業要員の役割は、実務的には各国の生産拠点に駐在して現地の生産活動をマネジメントするとともに、拠点の自立化に向けた諸問題の解決や、技術移管を行なうことである。

しかし、拠点長として派遣されるよりも、「コーディネイター」という権限や指揮系統における位置付けが不明確な立場で派遣される人の方が圧倒的に多く、時に現地スタッフとの軋轢を生んでいる。

その上で、i氏がいう海外事業要員の要件とは、金属加工に係る技術力とともに、組織上の立ち位置にかかわらず現地スタッフとの良好な関係を築いた上で、適切な指導性を発揮できる能力を有することだという。

インタビューでi氏は、現地スタッフの主体性を高める指導や動機付けができる日本人駐在員(コーディネイター)の例に触れ、「しっかり入り込んで関係構築した人っていうのは、やっぱり自分がよく見ながら本人(ナショナルスタッフ)にやらせている、そういうようなことができるようになればいいなと思うんですけど」と理想と、実際にはそういうことができる人材が少ない現実を暗に述べている。

またトップとして派遣される人物には、「国内でちゃんとコミュニケーションできる人とか、マネジメントできる人とか、そういう基準になりますよね。一つひとつの詳しい仕事が長けてます、という人じゃなく、一つひとつの仕事に入り込むわけじゃないので、広く浅くっていうか、そういうことができる人ですよね。あとはメンタルが強い人。そこは大事だと思いますね」と、まずは国内で管理職として一定の信頼を得ていることを条件に、ゼネラリスト的な素養と、心身のタフネスを併せ持つことの重要性について述べている。

一方、I社において、海外事業要員が本質的に期待されていることは、各国現地子会社の「自立化」を促進することである。しかしその進め方は一様ではなく、それぞれ異なる発展段階にある各国の拠点に対し、現地の問題を正しく把握し、解決する「問題解決力」が問われる。

さらにI社では今後、駐在要員以外にも、様々な海外事業要員（海外対応要員、支援要員など）を育てていくことが必要だという。

i氏は、「駐在要員だけでなく、赴任はしないまでも本社側に海外のことを解った人を増やしていかなければならない。海外の拠点というのを完全に別のものとして見るのではなく、本社だけではなくグローバル全体で見ているという感覚を持ち、全体最適を考えられる人を増やしたい。既存の従業員には、積極的にグローバルの各拠点とやりとりしながらその感覚を養ってほしい」と海外に赴任することなく本社から海外拠点と関わることができる人材を増やす必要性を語った。

そして、「そこ（自立化）にいくまでには海外と関わる仕事をした経験がある人をもっと増やしていかなければ、実際に自立させることはできないと思う」と話を結んだ。

＜I社における海外事業要員の確保＞

I社では、「グローバル人材」確保を、次課長クラスの人材の中から、マネジメントやコミュニケーションの能力を重視して一定数のプール人材（次期派遣要員）を見出した上、赴任前の半年～1年を「事業企画」という海外事業の管理をする部署に異動させ、赴任に際して不足する経験や情報を得させる、という方法で行なっている。また現在、各国にコーディネイターとして赴任している中堅クラスの人材も将来に向けたプール人材という位置付けである。また近年は、新卒採用で英語ができる人材を意図的に採用している。

また今後は、人事や経理などの間接部門に国際対応力を有する人材を配置することも、自立化を進める上では重要であると i 氏は考えており、折に触れて海外出張の機会を与えていく予定にしている。

i 氏は、出張者には、ただ実務を行なうだけでなく、出張先で積極的に現地スタッフと交流し、互いに仲間としての親近感を持った上で帰国し、その関係性をその後の業務に活かし、コミュニケーションの効率を高めてほしいと期待している。

〈まとめ〉

◆I 社の海外事業要員確保の要点

(1)次課長クラスの人材の中から、マネジメントやコミュニケーションの能力を重視して一定数のプール人材(次期派遣要員)を見出した上、赴任前の半年~1年を「事業企画」という海外事業の管理をする部署に異動させて赴任に際しての不足する経験や情報を得させる。

(2)各国にコーディネイターとして赴任している中堅クラスの人材は、将来の海外現地トップとして派遣される要員の準備要員(プール人材)に位置付けている。

(3)近年は、新卒採用で英語ができる人材を意図的に採用している。

(4)今後は間接部門にも国際対応力を有する人材が必要なため、折に触れて海外出張の機会を与えていく。

(5)自立化のためには本社の従業員が海外勤務を「特別なこと」と思わないよう、海外出張の頻度を増やして海外慣れした従業員を作っていこうとしている。

◆海外事業要員の要件

—まずは国内で管理職として一定の信頼を得ていること

—海外について前向きに考えられるバイタリティがある、海外出張を厭わず、対人関係に対して積極的である
—日本よりも大きな責任と権限を担い、言葉も通じない状況を耐え抜くメンタルの強さ（特にアメリカでトップを務めるためには相当強いメンタルの持ち主である必要がある）

◆海外事業要員の役割

—現地子会社の「自立化」を促す（「自立化」の具体的な状態は拠点ごとに異なる）
—現時点においてはトップとして海外現地法人に赴任するほか、技術移管や問題解決のために「コーディネイター」として現地に赴任する

◆グローバル人材確保の課題

I社では、今後海外駐在員の数を減らそうと考えているものの、決して順調に進んでおらず、今後も次々と後任を派遣する必要がある。それに加え、本社と現地子会社の関係が、「日本人中心の現地ビジネス（モノ作り）」から、「現地人材中心の現地ビジネス（モノ作り）」へと移行する途上で、本社にいながらにして海外事業に携わる人材を増やす必要がある。

それに対して、既存の従業員の中に「海外に対して前向きに考えられるバイタリティのある人間が少ない」（i氏）といい、常に駐在員の後任選定が難航している。それどころか、ゼネラリスト的素養を養う（見出す）ための国内での異動を命じようにも難色を示す従業員が多いという。

海外事業要員は既存従業員とは〝別枠〟で

J社

食品製造／従業員：300～500名未満／本社：東海地区
海外進出：2010年代～／海外拠点：台湾、香港
回答者　：常務執行役員 人事総務部長 j氏

〈J社の海外事業〉

J社は主に一般向けオリジナルブランド食品の製造販売を行なっている。一部の製品は約30年前から台湾に輸出され、既に現地で高い知名度を得ているが、本格的な海外展開は2010年代に入ってからである。中国、韓国への輸出を行なうため香港に販売拠点を設立。次いで、台湾に開発・製造・販売拠点を設けた。最近では、日本・台湾からの輸出先はASEANや北米にまで拡がっている。なおも急速に海外売上を伸ばしており、今後5年で海外売上を2倍にすることを計画している。

〈海外事業要員に求めるもの〉

同社における海外事業要員の役割は、実務的には①海外現地拠点のマネジメント（駐在員）、②海外での販路拡大（海外営業）、③海外現地拠点の経営管理（国際経理）、の三つである。

①は、現在台湾の開発・製造・販売拠点に赴任している3名を指し、それぞれ現地で（i）工場長、（ii）R&

D担当、(ⅲ)経理担当を担っている。

さらにj氏は、将来的には海外拠点のガバナンス強化を担う人材が必要になると考えている。常務執行役員として同社の人材戦略を司るj氏は、同社が海外事業を拡大していく上で中心となるのは海外現地拠点のナショナルスタッフであるべきだと考えており、現地化を進めていきたいという。日本本社の海外事業要員に期待するのは、その「現地化」を実現するための「繋ぎの役割」(j氏)であるという。それは即ち、商品開発のプロセスにおいて同社が培ってきたモノ作りの思想や安全・効率の基準を伝授しつつ、現地や他国で売れる商品を企画する上での新たな発想を引き出し、両者を融合させていくことである。

そこで求められる要件とは、「ビジネスのバックグラウンドがあり、外国語(英語、中国語)を駆使してマネジメントトレベルの会話ができること」(j氏)である。すなわち、中核クラスのナショナルスタッフに対して業務を教えるに充分な実務能力に加えて、それを教え、共同作業を促すために充分な外国語(現状では英語力または中国語力)を用いたコミュニケーション能力を兼備していることである。

〈J社における海外事業要員の確保〉

前述した通り、ビジネスの現地化を進めるプロセスにおいては英語力や異文化コミュニケーション能力が求められるため、以前は担当者に英語トレーニングを受けさせていたが、商品開発のプロセスで円滑な意思疎通を行なう上でそういった付け焼刃の英語力では用を成さなかったため、今後海外拠点や海外顧客とのやりとりを伴うような職務に就く人材は、ネイティブスピーカーを相手とするビジネスで充分に鍛えられた人材を外部から採用する方針に切り替えた(もともと同社に勤務する従業員は海外志向や外国語能力を持たない)。

実際に直近1年以内で、（ⅰ）英語、中国語を操る40代後半の海外ビジネスの経験者、（ⅱ）日系メーカーでグローバルマーケティングの経験をもつ30代の経験者の2名の採用を行なった。ともに人材紹介会社を用いた中途採用であった。また今年の新卒採用では（ⅱ）の人材とともに海外マーケティングを行なう要員として、英語が堪能な人材を採用している。

ｊ氏によると、「海外事業要員の採用はうまくいっている」ということであり、実際に（ⅰ）、（ⅱ）の両人材ともに満足な活躍をしている。その上（ⅱ）の人材にいたっては、計画から募集・選考、決定まで約1ヶ月で確保することに成功している。

実際にその採用を仲介した人材コンサルタントにコメントを求めたところ、スピーディな採用の要因として、（a）社長、担当役員、ｊ氏の間で求める人物像に関する合意が出来上がっており、終始ブレがなかったこと、（b）社長を含む面接官のスケジュール調整が迅速で、採用・面接に対する同社の優先順位は非常に高いと感じたこと、（c）給与等の条件が市場に対して適切に設定されており、候補者との間に条件交渉の必要がなかったこと、の三点を挙げた。

〈まとめ〉

◆Ｊ社の海外事業要員確保の要点

（1）経営陣の中で海外事業要員の採用の重要性や求める人物像に対する共通認識があり、積極的かつハンズオンで外部人材（経験者）採用が行なわれている。

（2）無理に既存従業員から選任しようとせず、時に特別な処遇を用意してでも真に求めるスキルを有する人材を果敢に採用する。

(3)付け焼刃の英語教育はビジネスの場で充分な役に立たないことを経験的に学んだ。

◆海外事業要員の要件

―ビジネスのバックグラウンドがあり外国語(英語、中国語)を駆使してマネジメントレベルの会話を円滑に行なうことができること

―人間関係を築いて商品開発などの業務を共同作業で行なうことができること

◆海外事業要員の役割

―ビジネスの現地化(現地人材中心のビジネス)を実現するための「繋ぎの役割」

―現状では本社のモノ作り能力を現地に移管すること

―ただしそれは本社のやり方や意向を一方的に押し付けるのではなく、共創によって自立を促すこと

◆グローバル人材確保の課題

永く国内を中心とする事業展開を行ない、海外事業は現地化を旨としてきたためにごく一部の従業員しか携わってこなかったことから、ほとんどの従業員は海外事業に対する関心や意欲に乏しく、外国語能力を持たない。逆に、同社が海外事業要員に求める国際対応力は極めて高水準であるため、その確保は割り切って〝別枠〟で考えざるを得ないことが同社の機動的かつ大胆な海外事業要員確保に結び付いている。

＜著者略歴＞

佐原 賢治 （さはら・けんじ）

株式会社ジェイ エイ シー リクルートメント
海外進出支援室　室長(チーフアナリスト)

＜略歴＞
1968 年 3 月 奈良県生まれ。1990 年に新卒で入社した不動産ディベロッパーで人事課に配属され人材採用（新卒・外国人留学生・中途）に携わった後、2000 年 1 月に JAC Japan(現 JAC Recruitment)に入社。東京、大阪、福岡で主に日系グローバル企業や外資系企業日本法人向けの人材紹介サービスに携わる。
その後、本社人事部長、エグゼクティブ人材紹介部門を経て 2012 年より現職。
経営者、海外事業部長、人事部長らに対して海外事業展開に伴う国内外の人材採用に関するコンサルテーションを行なっている。(年間約 400 社)
また、主にアジアの日系現地子会社や現地駐在員を対象とした調査や、その結果をもとにした情報発信を行なっている。（自治体や金融機関主催イベントでの登壇多数、日経産業新聞「ＨＲマネジメントを考える」隔月連載中）

＜学歴＞
同志社大学 商学部 卒業(1990 年 3 月)
埼玉大学大学院 経済経営専攻　修了(2021 年 3 月)。

＜著書＞
「外国人材の雇用戦略」（共著、2020 年 1 月、日本法令）
「戦略人事イノベーション－企業競争力を高めるこれからの人事部の在り方」(第 16 章を担当、2021 年 10 月、労政時報)

海外事業を加速する　中途採用の成功法則
グローバルビジネスを勝ち抜く人材のロジスティクス

2023年　6月　28日　　初版発行

著者　佐原賢治
校正協力　森こと美
発行者　千葉慎也
発行所　合同会社 AmazingAdventure
（東京本社）東京都中央区日本橋 3-2-14
新槇町ビル別館第一 2階
（発行所）三重県四日市市あかつき台 1-2-108
電話　050-3575-2199
E-mail info@amazing-adventure.net
発売元　星雲社（共同出版社・流通責任出版社）
〒112-0005 東京都文京区水道 1-3-30
電話　03-3868-3275
印刷・製本　シナノ書籍印刷

ISBN978-4-434-32246-4　C0034